ビジネス情報学概論

定道 宏 著

Ohmsha

本書を発行するにあたって，内容に誤りのないようできる限りの注意を払いましたが，本書の内容を適用した結果生じたこと，また，適用できなかった結果について，著者，出版社とも一切の責任を負いませんのでご了承ください．

　本書は，「著作権法」によって，著作権等の権利が保護されている著作物です．本書の複製権・翻訳権・上映権・譲渡権・公衆送信権（送信可能化権を含む）は著作権者が保有しています．本書の全部または一部につき，無断で転載，複写複製，電子的装置への入力等をされると，著作権等の権利侵害となる場合があります．また，代行業者等の第三者によるスキャンやデジタル化は，たとえ個人や家庭内での利用であっても著作権法上認められておりませんので，ご注意ください．
　本書の無断複写は，著作権法上の制限事項を除き，禁じられています．本書の複写複製を希望される場合は，そのつど事前に下記へ連絡して許諾を得てください．

出版者著作権管理機構
（電話 03-5244-5088，FAX 03-5244-5089，e-mail: info@jcopy.or.jp）

JCOPY ＜出版者著作権管理機構　委託出版物＞

Essentials of Business Intelligence in Management

はしがき

　今日の企業は，インターネットによる世界的な情報通信網とグローバル経営環境の中で熾烈な競争に直面し，環境変化に対応した迅速なビジネス戦略でもってしのぎあっている．経営戦略に IT 戦略を融合させた Web ベースのビジネスモデルを構築し，従来の縦割りの業務システムを改革して全社企業システムに再編成することにより，スピーディなビジネス活動を実現して競争優位を図っている．

　本書は，経営戦略と IT 戦略を融合させた新しい経営組織・管理・活動について解説した教科書であり，いわば，生きた経営学，Web ベースの経営管理とも言える「e 経営学」の入門書でもある．

　本書の構成は，全 12 章（138 ページ）からなり，今日の企業システムの核心をなす経営管理および情報管理をカバーしている．各章が個別に独立してあるのではなく，有機的な結合関係でもって，全 12 章が全社企業システム体系の説明となっている．

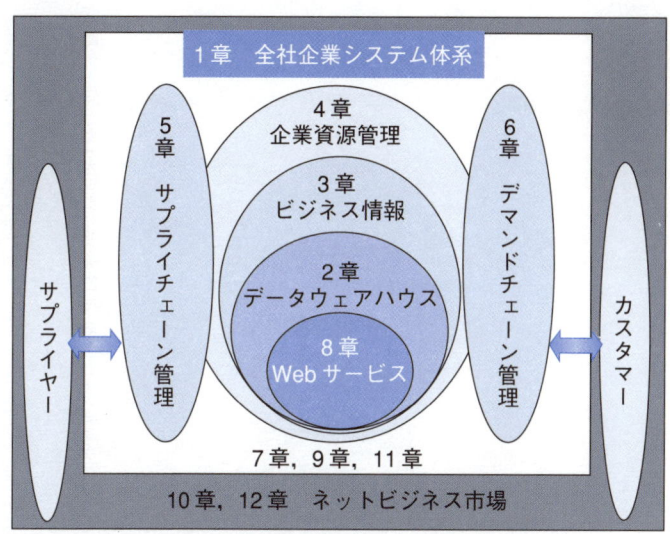

ビジネス情報学概論の全 12 章の構成図

はしがき

　本書の全体像を一目で把握するため，各章の内容をそれぞれ一つの英語キーワードで表してみよう．

　1章 EA，2章 DWH，3章 BI，4章 ERP，5章 SCM，6章 CRM，7章 EAI，8章 SOA，9章 BPM，10章 EDI，11章 PICS，12章 PKI

　各章の終わりには，基本事項の理解度を試す練習問題として，理解度クイズを5問設けている．また，随所にコラム（囲み記事）で用語説明を行っている．

　本書のタイトルである「ビジネス情報学概論」の英文名は，Essentials of Business Intelligence in Management である．

　最後に，本書の出版を勧めて下さり大変お世話になったオーム社出版部および関係各位，丁寧に原稿を読み貴重なコメントをいただいた甲南大学の布上康夫教授に対して，ここに厚く御礼申し上げる．

　平成 18 年 3 月

著者しるす

Essentials of Business Intelligence in Management

目 次

第1章 全社企業システム体系

- Section 1 EA とは …… 2
- Section 2 EA の役割 …… 3
  - ［1］ビジネス戦略のための全社的情報システム …… 4
  - ［2］業務情報システムの全体プロセス統合 …… 4
  - ［3］全社的ビジネスプロセスの可視化 …… 5
- Section 3 EA のフレームワーク …… 6
- Section 4 EA の利用者 …… 8
- 理解度クイズ …… 10

第2章 データウェアハウス

- Section 1 データウェアハウスとは …… 12
  - ［1］データウェアハウスの特性 …… 12
  - ［2］業務系データベースの特性 …… 13
  - ［3］データウェアハウスの構築 …… 14
  - ［4］データウェアハウスと業務系データベースの比較 …… 16
- Section 2 データウェアハウスのデータ構造 …… 17
- Section 3 データマートとは …… 19
- Section 4 多次元データベース …… 20
- Section 5 データウェアハウスとデータマートの比較 …… 21
- 理解度クイズ …… 22

第3章　ビジネスインテリジェンス

- Section 1　BI と は ……………………………………………… 24
- Section 2　BI の目的・適用分野 ………………………………… 25
  - ［1］BI の利用目的 …………………………………………… 25
  - ［2］BI の適用分野 …………………………………………… 25
- Section 3　BI ソリューション …………………………………… 27
  - ［1］OLAP ……………………………………………………… 27
  - ［2］多次元データ分析 ………………………………………… 28
  - ［3］関係データ分析 …………………………………………… 32
  - ［4］データマイニング ………………………………………… 35
- Section 4　データマイニングと OLAP の比較 ………………… 37
- 理解度クイズ …………………………………………………… 38

第4章　全社業務資源管理

- Section 1　ERP と は ……………………………………………… 40
- Section 2　ERP の役割 …………………………………………… 41
- Section 3　ERP のフレームワーク ……………………………… 42
- Section 4　ERP の代表パッケージソフト ……………………… 43
- 理解度クイズ …………………………………………………… 45

目次

第5章 サプライチェーン生産管理

- Section 1　SCM とは ……………………………………………… 48
- Section 2　SCM の生産業務プロセス …………………………… 49
- Section 3　SCM の役割 …………………………………………… 50
- Section 4　生産の形態 …………………………………………… 51
- Section 5　生産 ERP への進化 …………………………………… 52
- 理解度クイズ ……………………………………………………… 53

第6章 デマンドチェーン顧客管理

- Section 1　DCM とは ……………………………………………… 56
- Section 2　CRM …………………………………………………… 57
  - ［1］業務 CRM ………………………………………………… 58
  - ［2］戦略 CRM ………………………………………………… 60
  - ［3］データベースマーケティング …………………………… 61
- Section 3　DCM の役割 …………………………………………… 62
- Section 4　DCM への進化 ………………………………………… 63
- 理解度クイズ ……………………………………………………… 64

第7章 業務アプリケーション統合

- Section 1　EAI とは ……………………………………………… 66
- Section 2　ハブ&スポークによる統合 ………………………… 67
- Section 3　ハブ&スポークの構造 ……………………………… 68
- Section 4　EAI ツールの役割 …………………………………… 69
- 理解度クイズ ……………………………………………………… 70

目次

第8章 ビジネスプロセス連携

- Section 1　Webサービスとは ……………………………………… 72
- Section 2　Webサービスの構成 …………………………………… 73
- Section 3　WebサービスとEAIの比較 …………………………… 78
- Section 4　SOA ……………………………………………………… 79
- Section 5　ESB ……………………………………………………… 80
- Section 6　WebサービスとWebアプリケーションの比較 ……… 81
- 理解度クイズ …………………………………………………………… 82

第9章 ビジネスプロセス管理

- Section 1　BPMとは ………………………………………………… 84
- Section 2　BPMシステムの構成 …………………………………… 86
- Section 3　BPMシステムの例 ……………………………………… 87
- Section 4　BPMツールの利用者 …………………………………… 89
- Section 5　BPMへの進化 …………………………………………… 90
- 理解度クイズ …………………………………………………………… 91

目次

第10章 電子商取引データ交換

- Section1 電子商取引とは ………………………………………………… 94
  - [1] EDI 標準 ………………………………………………………… 94
  - [2] EDI の運用形態 ………………………………………………… 96
- Section2 VAN 型 EDI ……………………………………………………… 97
- Section3 Web 型 EDI ……………………………………………………… 99
- Section4 ebXML …………………………………………………………… 102
- Section5 ebMXL サービスの構成 ……………………………………… 104
- Section6 ebXML サービスと Web サービスの比較 ………………… 106
- 理解度クイズ ………………………………………………………………… 107

第11章 情報漏えい防止

- Section1 情報漏えいとは ………………………………………………… 110
- Section2 情報漏えい防止 ………………………………………………… 111
- Section3 フィルタリングソフトの機能 ………………………………… 112
  - [1] Web フィルタリングソフト ………………………………… 113
  - [2] Web サイトのラベル ………………………………………… 114
  - [3] RSACi …………………………………………………………… 115
  - [4] Mail フィルタリングソフト ………………………………… 116
- Section4 フィルタリングソフトの利用形態 …………………………… 117
  - [1] Web フィルタリングの利用形態 …………………………… 117
  - [2] Mail フィルタリングの利用形態 …………………………… 120
- Section5 フィルタリングの効果 ………………………………………… 122
- 理解度クイズ ………………………………………………………………… 123

ix

目次

第12章 情報セキュリティ

- Section 1 情報セキュリティとは ……………………………… 126
- Section 2 ワンタイムパスワード ……………………………… 127
- Section 3 暗　号　化 …………………………………………… 129
  - ［1］暗号通信の仕組み ……………………………………… 130
  - ［2］暗号方式 ………………………………………………… 131
- Section 4 PKI …………………………………………………… 134
- Section 5 電 子 署 名 …………………………………………… 135
- Section 6 電子証明書 …………………………………………… 137
- 理解度クイズ …………………………………………………… 138

コラム Column

- 80対20の法則（パレートの法則）……………………………… 5
- Plan-Do-Check-Act（Plan-Do-See）…………………………… 9
- バランストスコアカード ……………………………………… 26
- MDX ……………………………………………………………… 31
- SQL ……………………………………………………………… 33
- RFM分析 ………………………………………………………… 36
- 経営戦略 ………………………………………………………… 46
- 生産形態 ………………………………………………………… 54
- マーケティング戦略 …………………………………………… 92
- CII標準XMLメッセージ ……………………………………… 101
- e-文書法 ………………………………………………………… 108
- MIME …………………………………………………………… 121
- 協調フィルタリング …………………………………………… 124
- インターネット（WWW）の暗号化 ………………………… 133
- メールの暗号化 ………………………………………………… 136

索　引 …………………………………………………… 139

第1章
全社企業システム体系

今日の企業は，インターネットによる世界的な情報通信網とグローバル経営環境の中で熾烈な競争に直面し，環境変化に迅速に対応したビジネス戦略でもってしのぎあっている．かかるビジネス戦略を支える企業情報システムが全社企業システム体系（EA：Enterprise Architecture）である．

1 EAとは
2 EAの役割
3 EAのフレームワーク
4 EAの利用者
  理解度クイズ

Enterprise Architecture

Section 1 EA とは

　EAは，全社企業システム体系（Enterprise Architecture）である．それは，基幹業務の効率化を図る個々の業務情報システムではなく，企業のビジネス戦略の構築・遂行の根幹をなす全社的な企業情報システムである．

　企業は，経営活動を通じて蓄積したデータウェアハウスを利用して経営戦略を立て，業務プロセスの流れの最適化を図り，収益の最大化を実現する．国際的に熾烈な競争の中にあって勝ち抜き生き残るためには，競争環境の変化に対していかに迅速にビジネス戦略を立て効率的・効果的に実行するかが生死の鍵となる．

　迅速にビジネス戦略を立てるには，社内のすべての業務情報の貯蔵庫であるデータウェアハウスを即座に利用することができ，それに基づいてビジネス戦略モデルを策定することのできる環境が整備されていなければならない．それは，ビジネス戦略にIT化戦略（情報通信技術化戦略）を融合させることによって実現可能となる．このようにして生まれた，ビジネス戦略のための全社的な企業情報システム体系がエンタープライズアーキテクチャ（全社企業システム体系，略して，EA）と呼ばれているものなのである．

Enterprise Architecture

2 EAの役割

EAは，個々の業務情報システムとは異なり，全社的な企業情報システムである．個々の業務情報システムは，対象とする業務によって，人事情報システム，会計情報システム，販売情報システム，生産情報システム，顧客情報システムなどがある．

表1.1 業務情報システムの業務プロセス内容

業務情報システム	業務プロセス内容
購買情報システム	購買管理，在庫管理，発注管理
生産情報システム	生産管理，工程管理，品質管理，原価管理
販売情報システム	販売管理，仕入管理，受注管理
会計情報システム	現金管理，売掛管理，買掛管理，手形管理，資産管理，損益管理
人事情報システム	人事管理，給与管理，勤怠管理，研修管理

各業務情報システムは，独自の業務作業モデル（業務プロセス）と業務用データベース（DB）をもち，他の業務情報システムとは独立に運用されている．

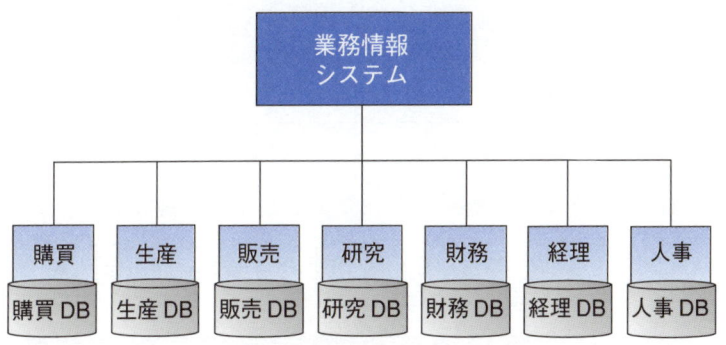

図1.1 業務情報システムの概念図

では，EAと業務情報システムの本質的な違いは何であろうか．

第1章 全社企業システム体系

 [1] ビジネス戦略のための全社的情報システム

　業務情報システムは，個々の基幹業務の効率化を図る目的で構築された業務部門情報システムであるのに対して，EA は，企業のビジネス戦略モデルの構築・実現のための全社的情報システムである．

　言い換えれば，情報化への投資戦略が業務の効率化戦略から戦略的ビジネスモデルの構築・実現を図るビジネス戦略への移行である．

 [2] 業務情報システムの全体プロセス統合

　個々の業務情報システムは，個別業務におけるビジネスプロセス（作業の流れ）の業務内効率化を図る部分最適化であるのに対して，EA は，全社の業務情報システム全部を統合し，全業務部門のデータベースを一つのデータウェアハウスに再編成し，各業務のビジネスプロセスの連携により全社的効率化を図る全体最適化である．言い換えれば，個別業務内の部分プロセスの最適化から全社的業務の全体プロセスの最適化への移行である．

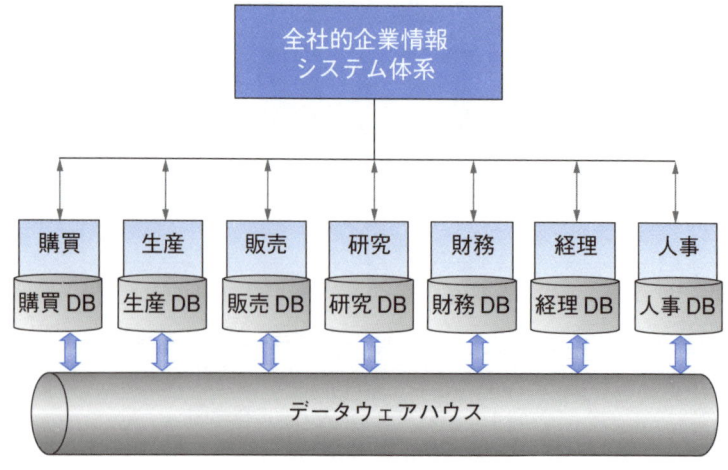

図 1.2　EA の概念図

[3] 全社的ビジネスプロセスの可視化

　個々の業務情報システムでは，業務部門内のビジネスプロセスや業務データベースの情報は把握できるが，他の業務部門のビジネスプロセスや業務情報を見ることができないのに対して，EAでは，どの業務部門も，他の業務部門のことは言うまでもなく，全社の全体プロセスおよび業務情報を見ることができる．

　言い換えれば，全社的にビジネスプロセスを監視することができ，問題のある部門プロセスを早期に発見し，環境変化に対して迅速に対処することができる．また，全社的に業務プロセスをリアルタイムに把握することができ，企業全体のビジネスプロセスを常時最適な状態に保持することができる．

 **80 対 20 の法則（パレートの法則）**

「結果の大部分が原因の小部分から生じている」という法則．イタリアの経済学者パレートが提唱した法則でパレートの法則ともいう．
　例1：国民所得の 80 ％は，20 ％の国民によって占められている．
　例2：売上の 80 ％は，全商品の 20 ％によるものである．
　例3：売上の 80 ％は，全顧客の 20 ％を占める固定客によるものである．
　売上の 80 ％は 20 ％の固定客によるという経験則は，固定客による売上の 25 ％増が総売上となることを意味する．

Enterprise Architecture

Section 3　EAのフレームワーク

EAの概念は，ザックマン（John A. Zachman，1987年）によって提唱され，四つの階層からなるEAのフレームワークが提示された．

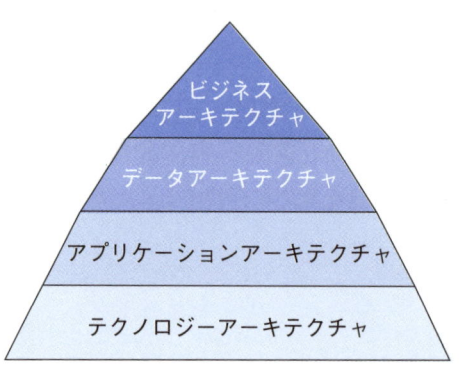

図1.3　EAのフレームワーク（ザックマン図）

a）ビジネスアーキテクチャ（Business Architecture；業務体系）

業務と情報の全体的流れを示すビジネスモデル体系である．

経営者はビジネスプロセスのワークフロー図により業務の管理・監視・改善を行うことができる．

b）データアーキテクチャ（Data Architecture；データ体系）

業務体系で使用される情報からなるデータモデル体系である．

データモデルによって構造化され蓄積されたデータベースは，データウェアハウスと呼ばれる．経営戦略など経営の意思決定のためにデータウェアハウスを活用する情報分析システムはビジネスインテリジェンス（BI：Business Intelligence）と呼ばれる．

c）アプリケーションアーキテクチャ（Application Architecture；適用処理体系）

業務処理を実現するアプリケーションシステム体系である．代表的なアプリケーションシステムとして，ERPパッケージソフト（p.43）がある．ERPパッケージソフトで構築された業務系情報システムには，会計ERP，生産ERP，販売ERPなどがある．個別ERPは，全社ERPのサブシステムであり，他のすべての個別ERPと連携・連動している．個別ERPが全社ERPのサブシステムであることが，従来の個別業務情報システム（会計情報システム，生産情報システム，販売情報システムなど）と本質的に異なる点である．

d）テクノロジーアーキテクチャ（Technology Architecture；技術体系）

コンピュータや情報通信のハードおよびソフトの情報基盤技術体系である．異機種・異OSのオープンシステム間通信技術，異なるアプリケーション間のプロセスを結合するESB（p.80），Webサービス連携技術などがある．

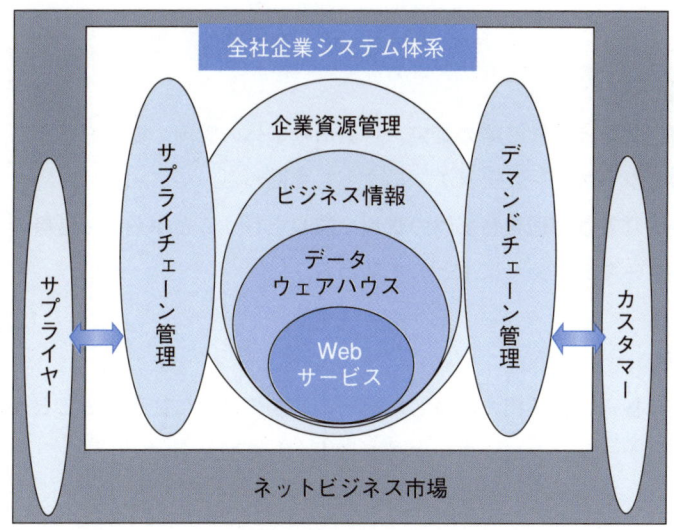

図1.4　EAにおける業務系情報管理と情報技術の関係図

Enterprise Architecture

Section 4　EAの利用者

　EAに関わる利害関係者には，経営者，従業員，システム管理者，株主，取引顧客の五者がある．EAの階層構造との関係で見てみよう．

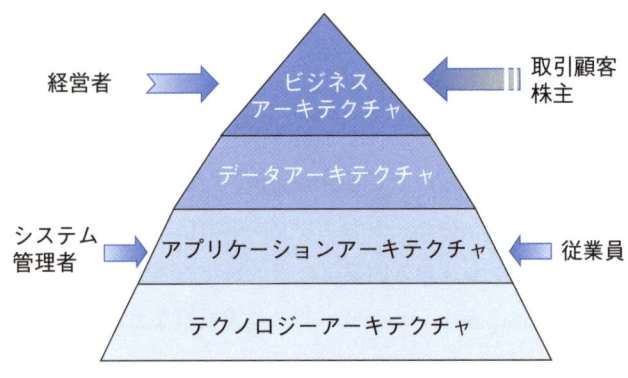

図1.5　EAの利用者

a) 経営者

　トップ経営者は経営戦略の策定，企業活動全体の管理・監視を行うことから最上階層のビジネスアーキテクチャに主として関わる．

　ミドル経営者は個別業務部門の管理・監視を行うことから第三階層のアプリケーションアーキテクチャに主として関わる．

b) 従業員

　従業員は個別業務部門に所属し，部門の業務の遂行に従事することから第三階層のアプリケーションアーキテクチャに主として関わる．

c）システム管理者

システム管理者は全社ERPシステムおよび個別ERPシステム，データウェアハウスの構築・管理・保守を行うことから，第二階層のデータアーキテクチャ，第三階層のアプリケーションアーキテクチャ，第四階層のテクノロジーアーキテクチャに主として関わる．

d）株　主

株主は，会社の所有者として，会社の経営活動の現状と実績を把握して経営者を監督することから，第一階層のビジネスアーキテクチャに主として関わる．

e）取引顧客

取引顧客（企業，消費者）は，企業間電子商取引（B to B）および企業消費者間電子商取引（B to C）に従事することから，第一階層のビジネスアーキテクチャに主として関わる．

コラム　Plan-Do-Check-Act（または，Plan-Do-See）

経営戦略は，計画→実行→評価→対策の管理サイクルで実施される．管理サイクルは，P・D・C・Aという管理過程を循環させることをいう．フランスのファイヨールが提唱した概念．

理解度クイズ

1. 企業は，経営活動を通じて蓄積した _____ を利用して経営戦略を立て，_____ の最適化を図り，_____ の最大化を実現する．

2. EA は，_____ を図る個々の業務情報システムではなく，_____ の構築・遂行の根幹をなす _____ である．

3. 各業務情報システムは，独自の _____ と _____ をもち，他の業務情報システムとは _____ 運用されている．

4. EA のフレームワークを図示せよ．

5. EA の役割を三つあげよ．

【ヒント】 業務作業モデル，全社的企業情報システム，基幹業務の効率化，収益，企業のビジネス戦略，業務プロセスの流れ，独立に，連携して，業務用データベース，データウェアハウス

第2章
データウェアハウス

今日の企業は，グローバル経営環境の中で熾烈な競争に打ち勝ち，成長していくために，環境変化に迅速に対応した経営戦略を立て実行していかなければならない．経営戦略の立案は，過去から現在に至る企業経営に関する詳細なデータの蓄積とデータ分析ツールが一体化したデータベースによって実現可能となる．かかる経営戦略を支援する全社的データベースがデータウェアハウス（DWH：Data Warehouse）である．

1 データウェアハウスとは
2 データウェアハウスのデータ構造
3 データマートとは
4 多次元データベース
5 データウェアハウスとデータマートの比較
  理解度クイズ

Data Warehouse

Section 1　データウェアハウスとは

　データウェアハウスは，基幹業務運用のための部門別データベースではなく，経営戦略に代表される経営の意思決定支援のための全社的データベースである．

　[1] データウェアハウスの特性

　データウェアハウスは，立案者ないし分析者のための全社的データベースであり，その内容は
　（1）主題別に編成され，
　（2）品目・顧客コードの統一化およびデータの統合化がなされ，
　（3）過去から現在に至る時系列で，
　（4）更新や集計を行わない詳細な，
データの集まりである．

a）主題別データ編成

　立案者や分析者の視点から問題解決に利用しやすいように，売上情報や仕入情報，製品情報など主題別にデータがそれぞれ一つのグループに編成されている．

b）コード・データの統合

　同一の製品や同一の顧客であっても基幹業務の部門データベースでは異なるコードで運用されている場合，品目コードや顧客コードの統一がなされている．
　また，同一の製品や同一の顧客に関するデータが業務横断的に取り出せるようにデータの統合がなされている．

c) 時系列データ編成

顧客行動や市場の動向の分析のため，過去から現在に至る販売・生産・在庫情報が時系列データとして編成されている．

d) 非更新・詳細データ

基幹業務で発生する取引データを集計・削除・更新することなく，属性（日時，単位など）とともにすべて蓄積されている．

[2] 業務系データベースの特性

業務系データベースは，日常の業務を遂行する人のための業務部内データベースであり，データ内容は
(1) 業務別に編成され，
(2) 業務部門で固有の品目・顧客コードでデータの統合がなされ，
(3) 発生時点の取引データで，
(4) 絶えず更新され集計された，
データの集まりである．

a) 業務別編成

基幹業務は購買・生産・販売・経理と機能別部門に分けられ，各業務部門で迅速かつ効率的に取引データ処理が行えるように業務別にデータが編成されている．

b) 固有コードでデータ統合

同一の製品や同一の顧客であっても各業務部門データベースでは部門固有の異なるコードで運用され，データ統合がなされている．

c) 現時点のデータ編成

現時点で発生する取引データを処理するに必要なデータのみで編成されている．現時点における累積データ・集計データと現時点で発生したデータからなる．

d) 更新・集計データ

現時点で発生したデータで累積データや集計データが更新（追加，削除，変更）され，以前に発生したデータは業務系データベースからは削除され，バックアップファイルに保存される．

[3] データウェアハウスの構築

データウェアハウスを構築するには，すべての基幹業務系データベースから生の詳細データを抽出（Extract）し，統一した形式に変換（Transform）して，データの整合性を確保してからデータウェアハウスに格納（Loading）する．この抽出・変換・整合・格納の一連の作業は，英語の頭文字をとってETLと呼ばれている．

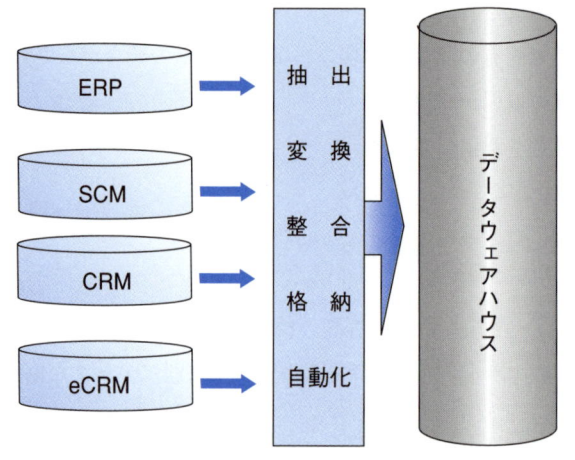

図2.1　データウェアハウスの構築

ETLツールを使えば，複数の業務系データベースから種類の異なるデータを抽出し，変換して，データウェアハウスに格納する作業がGUI（ユーザ画面）やスクリプト言語により容易に行うことができる．

ETLツールには，次の五つの基本機能がある．

(1) 抽出機能
OracleやMS-SQL，DB2などの異なるデータベースからさまざまな形式のデータを抽出することができる．

(2) 変換機能
抽出されたデータに対して，統一コードに変更，統一データ形式に変換・加工の処理を施してデータを統合することができる．

(3) 整合機能
不正データ，欠損データ，略語データなどを整形修正してデータの参照整合性を図ることができる．

(4) 格納機能
変換・整合処理を行ったデータをデータウェアハウスに格納することができる．

(5) 自動化機能
業務系データベースの運用と同期してETL処理を自動化させることができる．

第2章 データウェアハウス

 [4] データウェアハウスと業務系データベースの比較

データウェアハウスが業務系データベースとどのように異なるかを，① 利用目的，② データ内容，③ データ更新，④ 利用形態，⑤ 利用範囲の五つの観点から比較してみよう．

表2.1 データウェアハウスと業務系データベースの比較

	データウェアハウス	業務系データベース
利用目的	意思決定支援	日常業務処理
データ内容	時系列データ	現時点データ
データ更新	更新なし	絶えず更新
利用形態	情報分析	現状把握
利用範囲	全 社	業務部門

Data Warehouse

2 データウェアハウスのデータ構造

　データウェアハウスのデータ構造は，業務系データベースと同様，表形式の二次元データからなるリレーショナルデータベース（Relational Database；関係データベース）である．

　表形式の二次元データは，取引データの属性を一つの組（tuple）にしてデータを記録した表であり，テーブル（Table）と呼ばれる．関係データベースは，属性の列とデータ記録（レコード）の行からなるテーブルの集まりである．

　例えば，顧客名簿は一つのテーブルとして表される．顧客の属性として，顧客名，顧客コード，年齢，性別，住所，電話番号，入居日を選んで一つの組とし，顧客のデータを二次元の表として記録すれば，顧客名簿のテーブルが出来上がる．

顧客名	顧客コード	年齢	性別	住所	電話番号	入居日

図2.2　顧客名簿テーブル

　売上伝票も一つのテーブルとして表される．売上伝票の属性である日時，品目コード，数量，顧客コード，店舗コードを一つの組とし，売上のデータを二次元の表として記録すれば，売上伝票のテーブルが出来上がる．

日時	品目コード	数量	顧客コード	店舗コード

図2.3　売上伝票テーブル

第2章 データウェアハウス

テーブルの縦列はカラム（Column；列または属性），横行はロウ（Row；行またはレコード）と呼ばれる．

売上伝票と顧客名簿との二つのテーブルは無関係ではなく，両テーブルの中に共通に存在する属性「顧客コード」で関係づけられ，この関係をリレーション（relation；関係）という．かかるデータ構造のデータベースをリレーショナルデータベース（関係データベース）という．

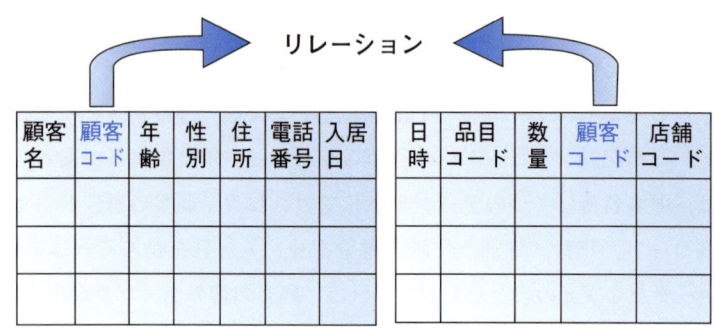

図2.4　リレーション

売上伝票に関係するテーブルとしては，商品台帳や店舗台帳，商品在庫表などが考えられる．商品台帳には単価，商品在庫表には現在庫量・入荷予定量・入荷日などが属性として含まれている．

Data Warehouse

3 データマートとは

　業務系データベースは，日常業務の運用のためのデータ管理に特化したものである．それに対して，業務部門の人々が当該部門の現状分析をするには，当該部門のみならず他部門の時系列データが必要となり，データウェアハウスを利用することになる．しかしながら，データウェアハウスには全社の膨大な詳細データが蓄積されていて当該部門に関係のないデータが多くあり，そのつど，抽出していては時間がかかり非効率である．迅速に，例えば数秒以内に，必要なデータを抽出することができるように，各業務部門は現状分析に必要と思われるデータのみをデータウェアハウスから抽出して部門独自の分析用データベースを構築し保有している．かかる部門独自の分析用データベースはデータマート（Data Mart）と呼ばれている．

　例えば，営業部門のデータマートには，営業メンバの売上実績の時系列データや人事情報データ，顧客別商品別売上実績の時系列データや顧客情報データなどが含まれる．

Data Warehouse

Section 4　多次元データベース

　データマートのデータ構造は，データウェアハウスと異なり，立方体形式の多次元集計データからなる多次元データベース（Multi-Dimensional Database）である．立方体形式の多次元データは，キューブ（Cube）と呼ばれ，取引データの属性を三つ以上選んで，三方向に配置してデータを記録した立方体である．
　キューブは，集計対象のデータである「メジャー（measure）」と多次元の軸である「ディメンジョン（dimension）」からなる．
　例えば，自動車の販売台数は一つのキューブとして表される．横軸に地域（東京，大阪，福岡），縦軸に車種（乗用車，トラック，スポーツカー），奥軸に時間（月）を配置して販売台数を三次元の立方体として記録すれば，販売台数のキューブができる．また，車種を大型，中型，小型に細分すれば，階層レベルの軸ができる．さらに，集計対象に売上金額を加えれば，四次元のキューブができる．

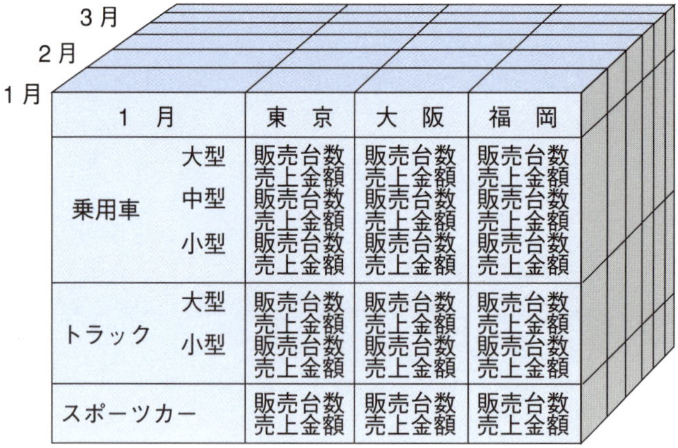

図 2.5　多次元キューブ

Data Warehouse

5 データウェアハウスとデータマートの比較

データマートがデータウェアハウスとどのように異なるかを，① 利用目的，② データ内容，③ データ構造，④ 利用形態，⑤ 利用範囲の五つの観点から比較してみよう．

表2.2 データマートとデータウェアハウスの比較

	データマート	データウェアハウス
利用目的	仮説の検証	仮説（知識）の発見
データ内容	部門集計データ	全社詳細データ
データ構造	多次元データ	関係データ
利用形態	オンライン分析処理	高度なデータ解析
利用範囲	業務部門	全　社

理解度クイズ

1. データウェアハウスは，□□□□のための部門別データベースではなく，□□□□に代表される経営の□□□□のための全社的データベースである．

2. 関係データベースは，□□□□の列と□□□□の行からなる□□□□の集まりである．

3. キューブは，集計対象のデータである□□□□と多次元の軸である□□□□からなる．

4. データウェアハウスの特性を四つあげよ．

5. ETL ツールの基本機能を五つあげよ．

【ヒント】 意思決定支援，テーブル，メジャー，基幹業務運用，データ記録，経営戦略，ディメンジョン，属性

第3章
ビジネスインテリジェンス

企業の経営者,業務部門の管理者,ビジネスパーソンがビジネス上の意思決定をする場合,専門家に頼らないで迅速に意思決定ができるように支援してくれる情報システムがビジネスインテリジェンス(BI:Business Intelligence)である.

1 BIとは
2 BIの目的・適用分野
3 BIソリューション
4 データマイニングとOLAPの比較
 理解度クイズ

Business Intelligence

Section 1 BI とは

BI（Business Intelligence；ビジネスインテリジェンス）は，データウェアハウスを活用して，経営戦略をはじめとするビジネス上の各種の意思決定に有用な知識や法則を発見する概念・仕組み・分析技術・応用である．ここでいうインテリジェンスは情報，特に，叡智や貴重な知識・法則を意味する．

BI は，情報源であるデータウェアハウスとデータマート，ビジネス問題を解決する BI ソリューションと BI ツール，BI ユーザ（経営者や部門管理者，従業員）が画面操作する社内ポータルと Web 端末から構成される．

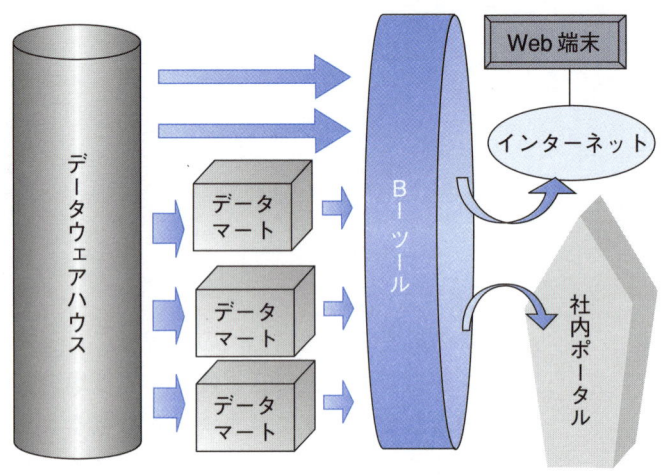

図3.1 BI のフレームワーク

Business Intelligence

2 BIの目的・適用分野

BIは，ビジネスパーソンが，専門家に頼ることなく，直面するビジネス上の問題を発見し，その課題に対して迅速に何らかの解決法を見いだし，自分自身で意思決定するための支援システムである．

[1] BIの利用目的

BIの利用目的の典型的な例としては，次のようなものがある．
（1）経営戦略の立案
（2）問題の早期発見
（3）業務効率の向上
（4）投資効率の向上
（5）顧客関係の向上

[2] BIの適用分野

BIの適用分野を経営戦略面と経営管理面から見てみよう．

a）経営計画

経営戦略では，新規事業計画・分析，市場需要分析，投資計画・分析などがあり，経営管理面では，全社および業務部門の業績管理，収益管理，グループ企業の事業管理・分析，連結決算分析などがある．

b）人事部門

経営戦略では，人材資源計画，人材資本計画などあり，経営管理面では，人材資源管理（HRM），人材資本管理（HCM）などがある．

c) 財務部門

経営戦略面では,資金調達・運用計画,リスク・収益分析,グループ企業収益分析などがあり,経営管理面では,財務諸表分析,損益計算書分析,キャッシュフロー分析などがある.

d) 生産部門

経営戦略面では,新製品販売予測,販売価格分析,製造原価分析などがあり,経営管理面では,生産管理,工程管理,品質管理,設備投資管理などがある.

e) マーケティング部門

経営戦略面では,市場需給予測,価格分析,SWOT分析などがあり,経営管理面では,販売チャネル管理,在庫管理,配送管理などがある.

f) 販売部門

経営戦略面では,売上傾向分析,マーケットバスケット分析,売れ筋・死に筋商品分析などがあり,経営管理面では,優良顧客・リード顧客管理,顧客属性別販売分析などがある.

コラム バランストスコアカード(BSC:Balanced ScoreCard)

財務の視点(過去),顧客の視点(外部),業務プロセスの視点(内部),学習と成長の視点(将来)の四つの視点から,経営戦略の立案・実行・評価を効果的に行う経営手法.経営戦略に対応した全社,部門,個人の実施目標項目(CSF),達成目標指標(KGI),業績評価指標(KPI)を設定して,売上・利益面,顧客満足面,業務効率面,従業員の能力面から,企業活動の過去,現在,将来を評価・監視することによって,バランスのとれた経営改革を推進する.

Business Intelligence

Section 3　BIソリューション

　BIソリューションは，データウェアハウスやデータマートにあるデータを，BIツールと呼ばれる分析技法で分析して問題解決策を見いだすことである．
　BIツールは，仮説が正しいか否かを検証する仮説検証型とデータに隠れた知識・法則を発見する命題発見型とに分けられる．

a）仮説検証型ツール
　① OLAP（多次元分析；Online Analytical Processing）
　　多次元データをさまざまな切り口で問題点を分析する．
　② 統計分析
　　データの分布やその特性，他の分布との関係などで仮説を検証する．

b）命題発見型ツール
　① データマイニング（Data Mining）
　　膨大な量のデータの中から隠された未知の法則・知識を発見する．

[1] OLAP

　OLAPは，オンラインで即時に多次元データ分析処理を行う集計技法である．
　OLAPは，情報源であるデータベースの種類により，
　① 多次元データベースを使用する **MOLAP**（**Multi-dimensional OLAP**）
　② 関係データベースを利用する **ROLAP**（**Relational OLAP**）
　③ 両者を混合した **HOLAP**（**Hybrid OLAP**）
に分けられる．

これらの中で最も典型的な OLAP は，多次元データベースであるデータマートを使用する MOLAP であり，OLAP といえば MOLAP を意味する場合が多い．また，分析しようとする多次元キューブがデータマートに存在しない場合には，データウェアハウスにある関係データベースからキューブが作成されて多次元データ分析処理が行われる．

[2] 多次元データ分析

OLAP は，多次元キューブに対してさまざまな切り口で集計データを切り取り，さらに部分集計の処理を施したり，あるいは細分化して，詳細データを参照することのできる多次元データ分析処理である．

自動車の販売台数・売上金額の多次元キューブを例にとり，多次元データ分析処理を見てみよう．

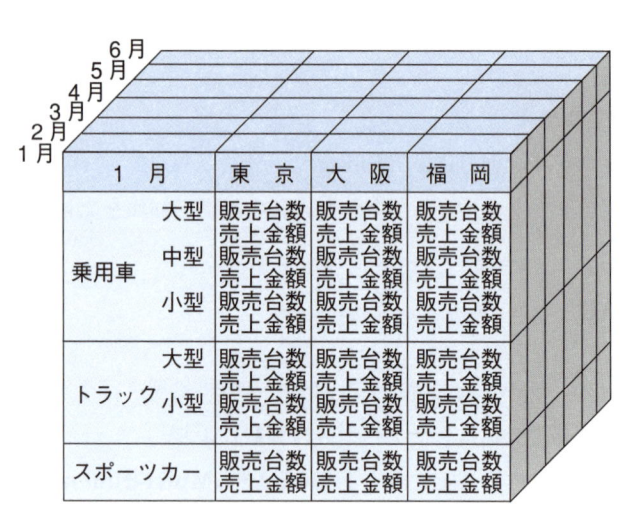

図 3.2 自動車の販売台数・売上金額の多次元キューブ

3-3 BIソリューション

多次元データ分析の基本操作には，次の3種類がある．

a) スライシング（Slicing）

奥軸の値を指定してキューブを輪切りにする．

	3月	東京	大阪	福岡
乗用車	大型	販売台数 売上金額	販売台数 売上金額	販売台数 売上金額
	中型	販売台数 売上金額	販売台数 売上金額	販売台数 売上金額
	小型	販売台数 売上金額	販売台数 売上金額	販売台数 売上金額
トラック	大型	販売台数 売上金額	販売台数 売上金額	販売台数 売上金額
	小型	販売台数 売上金額	販売台数 売上金額	販売台数 売上金額
スポーツカー		販売台数 売上金額	販売台数 売上金額	販売台数 売上金額

図3.3　キューブを正面から見た断面表
（横軸：地域，縦軸：車種，奥軸＝3月）

b) ダイシング（Dicing）

横軸と縦軸を指定してキューブを転がす．

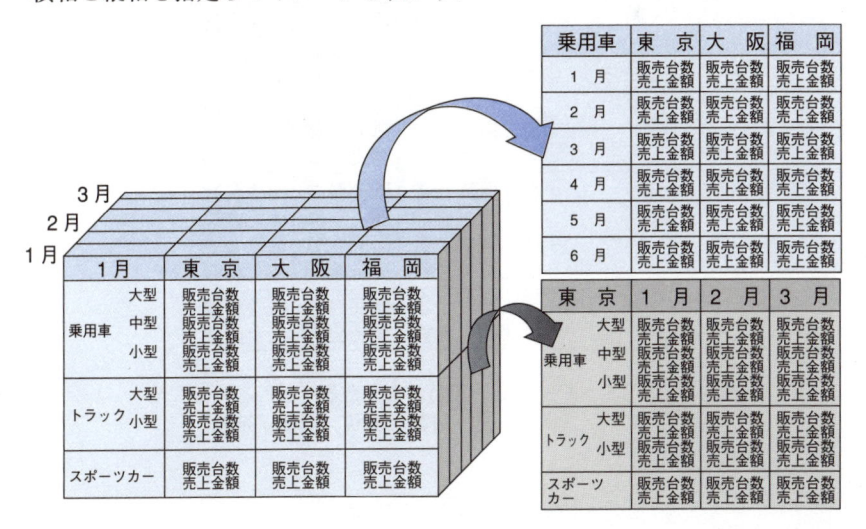

図3.4　ダイシング

第3章 ビジネスインテリジェンス

① 横軸に地域，縦軸に月

乗用車	東 京	大 阪	福 岡
1 月	販売台数 売上金額	販売台数 売上金額	販売台数 売上金額
2 月	販売台数 売上金額	販売台数 売上金額	販売台数 売上金額
3 月	販売台数 売上金額	販売台数 売上金額	販売台数 売上金額
4 月	販売台数 売上金額	販売台数 売上金額	販売台数 売上金額
5 月	販売台数 売上金額	販売台数 売上金額	販売台数 売上金額
6 月	販売台数 売上金額	販売台数 売上金額	販売台数 売上金額

図 3.5　キューブを上面から見た表
　　　　（横軸：地域，縦軸：月，奥軸：車種）

② 横軸に月，縦軸に車種

東 京		1 月	2 月	3 月
乗用車	大型	販売台数 売上金額	販売台数 売上金額	販売台数 売上金額
	中型	販売台数 売上金額	販売台数 売上金額	販売台数 売上金額
	小型	販売台数 売上金額	販売台数 売上金額	販売台数 売上金額
トラック	大型	販売台数 売上金額	販売台数 売上金額	販売台数 売上金額
	小型	販売台数 売上金額	販売台数 売上金額	販売台数 売上金額
スポーツカー		販売台数 売上金額	販売台数 売上金額	販売台数 売上金額

図 3.6　キューブを側面から見た表
　　　　（横軸：月，縦軸：車種，奥軸：地域）

c) ドリリング (Drilling)

横軸,縦軸,セルを展開または統合する.

① **ドリルダウン**　下位レベルの部分集計に展開する.
地域軸の東京を選んで,東京における地区別集計を見る.
時間軸の月を選んで,その月の日次別集計を見る.
東京・3月のセル(枡)を選んで地区別日次別集計を見る.

② **ドリルアップ**　上位レベルの総合集計に統合する.
地区別集計を統合して地域別集計を見る.
日次別集計を統合して月次集計を見る.
地区別日次別集計を統合して地域別月次集計を見る.

③ **ドリルスルー**　最下位レベルの集計を詳細データに展開する.
地区別集計の支店別データを見る.
月次集計の日次データを見る.
地区・月の支店別日次データを見る.

多次元データベースの問合せ言語としては,業界標準の MDX (Multi-Dimensional eXpression) がある.

コラム　MDX
(Multi-Dimensional eXpression；マルチディメンジョン式)

多次元データベースの操作用言語.
MDX 検索言語 SELECT 文は,次の構文で表される.
SELECT　横次元軸仕様　ON COLUMNS,　縦次元軸仕様　ON ROWS
FROM　キューブ名　WHERE　スライス次元軸仕様
例1：スライシング
SELECT {地域.Members} ON COLUMNS, {車種.[乗用車].Members} ON ROWS
FROM　自動車　WHERE ([時期].[3月])
例2：ダイシング
SELECT {時期.Members} ON COLUMNS, {車種.[乗用車].Members} ON ROWS
FROM　自動車　WHERE ([地域].[東京])

第3章 ビジネスインテリジェンス

[3] 関係データ分析

　関係データ分析は，横方向に複数の属性を並べ，縦方向にはこれらの属性を有する個体のデータを記録した二次元のテーブルに対して，一つまたは複数のテーブルにさまざまな表処理を行う分析である．関係データは二次元のテーブルで表されてはいるが，属性を多次元の軸とし，固体のデータを多次元の座標と見れば，関係データは多次元データそのものであることがわかる．

　関係データ分析の基本操作には，次の3種類がある．

a) セレクション (Selection)

　横行（レコード）の選択．
　属性の条件を満たすレコードのみからなる縮小テーブルを作成する．
　顧客名簿テーブル（顧客名，顧客コード，年齢，性別，住所，電話番号，入居日）から性別が女性であるレコードを選んで女性顧客名簿テーブルを作成する．

顧客名	顧客コード	年齢	性別	住所	電話番号	入居日
			女			
			女			
			女			
			女			

↓ セレクション

顧客名	顧客コード	年齢	性別	住所	電話番号	入居日
			女			
			女			
			女			
			女			

図3.7　セレクション

b) プロジェクション (Projection)

縦列（属性）の選択．

属性の数を減らして縮小テーブルを作成する．

顧客名簿テーブル（顧客名，顧客コード，年齢，性別，住所，電話番号，入居日）から顧客名，住所，電話番号を選んで顧客電話帳テーブルを作成する．

顧客名	顧客コード	年　齢	性　別	住　所	電話番号	入居日

↓ プロジェクション

顧客名	住　所	電話番号

図 3.8　プロジェクション

コラム　SQL (Structured Query Language；シークェル)

関係データベースの操作用言語．
SQL 検索言語 SELECT 文は，次の構文で表される．
SELECT　列名 1，列名 2，…　FROM　テーブル名 1，テーブル名 2，…
　WHERE　行条件式
例 1　セレクション：SELECT　＊　FROM　顧客名簿　WHERE　性別＝"女"
例 2　プロジェクション：SELECT　顧客名，住所，電話番号　FROM　顧客名簿
例 3　ジョイン：SELECT　日時，品目名，価格，数量，価格 ＊ 数量
　　FROM　売上伝票，商品台帳
　　WHERE　売上伝票.品目コード＝商品台帳.品目コード

c) ジョイン (Join)

複数のテーブルの結合.

関係する複数のテーブルから属性を集めて合成テーブルを作成する.

売上伝票テーブル(日時,品目コード,数量,顧客コード,店舗コード)と商品台帳(品目コード,品目名,価格,…),店舗台帳テーブル(店舗コード,店舗名,…)の三つの関係するテーブルから売上請求テーブル(顧客名,商品名,価格,数量,売上金額,店舗名)を作成する.

なお,売上金額は,数量×価格で自動計算される.

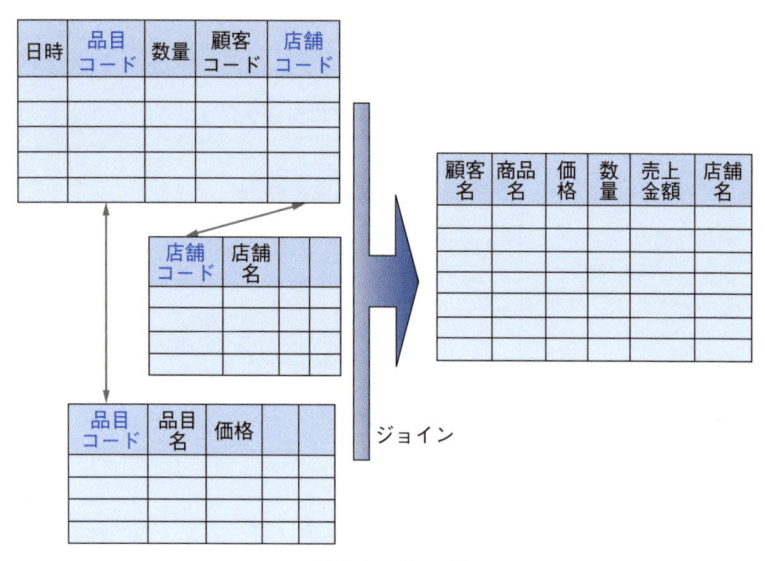

図3.9 ジョイン

関係データベースの標準問合せ言語として,SQL (Structured Query Language) がある.

[4] データマイニング

データマイニングは，鉱山からダイヤモンドを採掘するように，膨大な量のデータの山であるデータウェアハウスの中から隠れた未知の法則・貴重な知識を発見する統計解析技法である．

データマイニングの代表的な分析技法には，次のようなものがある．

a) 相関関係分析

相関関係分析は，同時に購入されている商品の組合せを発見する分析である．
例えば，「紙おむつを買う男性は缶ビールを一緒に買うことが多い」という法則を発見する．

b) 時系列順序分析

時系列順序分析は，同時にではなく，時間をおいて購入されている商品の順序を発見する分析である．
例えば，「A商品を買う顧客は次回以降にB商品を買うことが多い」という法則を発見する．

c) 類似時系列分析

類似時系列分析は，時間的変動が類似した時系列を発見する分析である．
例えば，既存商品の売上時系列から新商品の売上傾向を予測する分析である．

d) クラスタ分割分析

クラスタ分割分析は，分類基準を設定しないで共通の特性をもつグループを発見する分析である．
例えば，購買履歴と顧客属性のデータから顧客をグループ分けする分析である．

e) クラス判別分析

クラス判別分析は，異なるクラスを識別する共通の特性を発見して，ある顧客がいずれのクラスに属するかを判別する分析である．

例えば，ダイレクトメールで購入する人か否か，支払いの遅れる人か否かを判別するモデルを顧客データから発見する分析である．

判別分析モデルとして，判別関数，デシジョンツリー，ニューラルネットワークなどがある．

f) 重回帰予測分析

重回帰予測分析は，ある変数の動きを説明する複数の変数を発見して，変数の動きを予測する．

例えば，販売量を説明する要因として広告，セール値引などを発見し，販売量を予測する分析である．

コラム　RFM分析

購入時期（Recency），購入頻度（Frequency），購入金額（Monetary）の三つの指標（R，F，M）から，顧客の購買行動を分析する技法である．各指標を5段階または3段階に分けて評価し，クラスタ分析や3点レーダチャート分析により，顧客のセグメンテーションを行い，それぞれの顧客セグメントに対してターゲットマーケティングを展開する．

例えば，5段階評価では，購入時期が最近5週間以内なら5，10週間以内なら4，20週間以内なら3，40週間以内なら2，60週間以内なら1とする．購入頻度では，年間20回以上なら5，10回以上なら4，5回以上なら3，3回以上なら2，1回以上なら1とする．購入金額では，年間50万円以上なら5～30万円以上なら4～20万円以上なら3～10万円以上なら2～10万円未満なら1とする．

Business Intelligence

4 データマイニングと OLAP の比較

データマイニングと OLAP とがどのように異なるかを，① データベース，② データ内容，③ 利用者，④ 分析目的，⑤ 分析形態，⑥ 処理速度，⑦ 利用頻度の七つの観点から比較してみよう．

表3.1 データマイニングと OLAP の比較

	データマイニング	OLAP
データベース	データウェアハウス	データマート
データ内容	詳細データ	集計データ
利用者	経営者，管理者	部門の全員
分析目的	問題発見，予測	現状把握，仮説検証
分析形態	非定型分析	定型分析
処理速度	かなり遅い	非常に速い
利用頻度	非定期	定　期

理解度クイズ

1. BIは，ビジネスパーソンが，専門家に頼ることなく，＿＿＿＿＿を発見し，その＿＿＿＿＿を見いだし，自分自身で＿＿＿＿＿するための支援システムである．

2. OLAPは，情報源であるデータベースの種類により，多次元データベースを使用する＿＿＿＿＿，関係データベースを利用する＿＿＿＿＿，両者を混合した＿＿＿＿＿に分けられる．

3. 多次元データ分析の基本操作には，奥軸の値を指定してキューブを輪切りにする＿＿＿＿＿，横軸と縦軸を指定してキューブを転がす＿＿＿＿＿，横軸，縦軸，セルを展開または統合する＿＿＿＿＿がある．

4. 関係データ分析の基本操作を列記せよ．

5. データマイニングの代表的な分析技法を六つあげよ．

【ヒント】 意思決定，スライシング，HOLAP，ドリリング，問題，ROLAP，ダイシング，MOLAP，解決法

第4章
全社業務資源管理

今日の企業は，基幹系業務部門が個々に業務の部門最適化を行うのではなく，企業の経営資源を企業全体での全社最適化を図ることによって最大の企業業績を上げることを目標としている．かかる企業全体で経営資源の最適化を実現する企業情報システムが全社業務資源管理（ERP：Enterprise Resource Planning）である．

1　ERPとは
2　ERPの役割
3　ERPのフレームワーク
4　ERPの代表パッケージソフト
　　理解度クイズ

Enterprise Resource Planning

Section 1　ERPとは

　ERP（Enterprise Resource Planning；全社業務資源管理）は，生産，販売，購買，財務，人事などの基幹系業務部門が個々に部門業務を最適化するのではなく，企業の経営資源（ヒト，モノ，カネ，情報）の配分・運用・管理を企業全体で最適化する全社業務管理情報システムである．

　ERPの核心は，① 全社の基幹系業務プロセスを統合管理し，② 基幹系業務情報データベースを統合することにある．

　各業務部門が別々に構築してきた業務プロセスは，部門間で業務プロセスの連携を図る場合，連携のための余分な業務を追加し，両部門に共通する業務を保持したまま連携が行われるため極めて非効率であり，あるいは一方の部門が業務プロセスを変更しない限り連携すらできないことが多い．業務プロセスの連携に対応して，部門間で業務データベースを連携する場合にも同じ問題が生じる．

　ERPを実現する方法として，次の何れかの道がある．
（1） 全社の業務プロセスを全面改革（BPR：Business Process Reengineering）して本格ERPを実現する．
（2） 各部門の業務プロセスをERPに適合するように改革しながら準ERPを実現する．
　　業務プロセスが比較的標準化されている会計から始め，人事，販売，生産へと，段階的に導入していく．
（3） 各部門の業務情報システム間のデータ連携のみを図り擬似ERPを実現する．
　　各部門の業務プロセスを変更することなく，データ交換で業務情報システムの連携を実現する．

　現実的には，まず，部門業務情報システム間のデータ連携から始め，次いで，業務プロセスの部門間統合へと進み，最後に，全部門間の業務プロセスの調整変更を行ってERPを完成させることになる．

Enterprise Resource Planning

Section 2　ERP の役割

ERP が企業経営に果たす役割について見てみよう．

(1) 全社業務プロセスの全体効率化
これは，ERP が目指す最も重要な目標である．

(2) 戦略経営のための業務情報の提供
これは，経営判断に必要な営業・会計データなどが部門のデータマートに提供されて，経営者や管理者が即座に多次元分析をすることが可能となる．

(3) 新会計基準のための会計情報の提供
1999 年から導入された新企業会計基準（四半期・月次短期決算，グループ連結決算，連結キャッシュフロー計算書，資産の時価評価，年金会計の開示）のための会計データの提供が会計 ERP によって可能となる．

Enterprise Resource Planning

Section 3　ERP のフレームワーク

　ERP の枠組みは，各業務部門の ERP サーバとそれを支えるデータベース（業務系データベースとデータマート）が中央に位置し，全社のデータベース（データウェアハウス）が下位に位置し，社内ユーザやインターネットユーザの操作画面が上位に位置している 4 層構造からなる．

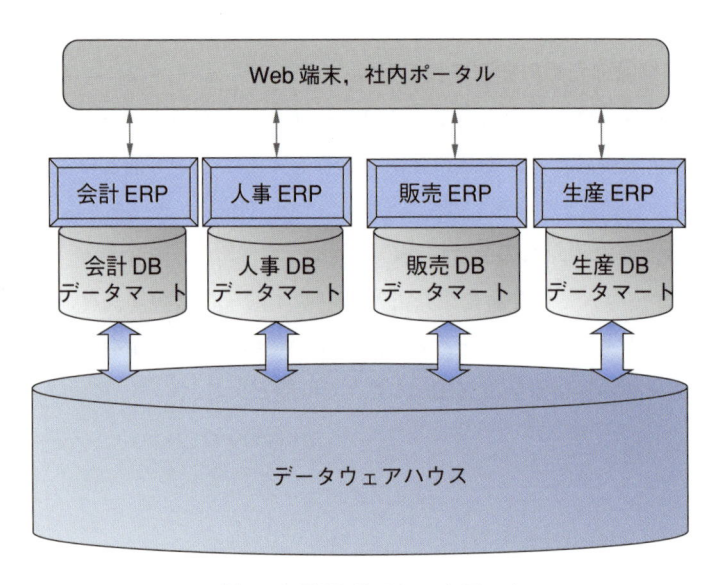

図 4.1　ERP のフレームワーク

Enterprise Resource Planning

4 ERPの代表パッケージソフト

　ERPパッケージソフトは，企業活動における会計，人事，生産，販売などの基幹業務を一元管理することを目的とした多機能ソフトウェアである．ERPパッケージソフトを活用することにより，業務部門をまたがって横断的に業務プロセス全体を把握することが可能となる．ERPパッケージソフトは，国内外のベンダーから数多く提供されている．代表的なERPソフトウェアを見てみよう．

a) 独SAP社のSAP R/3

　SAP R/3は，ERPの元祖であり，日本におけるマーケットシェアは80％近く，世界でも業界第1位にある．最近では，WindowsとSQLサーバで稼動するSAPシステムが新規導入の過半数を超えるようになり，PCユーザは，Office（WordやExcel）からSAPにアクセスして必要なデータを抽出することができる．SAPの最大の特長は，業務部門間の業務プロセスをリアルタイムに統合して企業全体のBPRを実現することができることにある．

b) 米Oracle社のOracleApplications

　OracleApplicationsは，会計ERPに定評のあるJ.D. Edwards社を買収して人事管理・顧客管理から会計管理までを得意とするPeopleSoft社のPEOPLE-SOFTを，さらに小売業ERPのRetek社を買収して世界第2位となり，SAPとしのぎあっている．

c）国産の ERP ソフト

住商情報システム社の ProActive，SSJ 社の SuperStream-CORE，OBC 社の奉行新 ERP，富士通の GLOVIA-C などがある．

国産 ERP ソフトの特長は，

① ボーナス・社会保険・年末調整など日本の商習慣への対応
② 業務プロセスの構築を容易かつ迅速にできるテンプレートの充実
③ SAP や Oracle の ERP との接続可能
④ パートナー企業とのデータベース連携を図る機能の装備

などにある．

理解度クイズ

1. ERP は，☐☐☐☐☐ が個々に ☐☐☐☐☐ を最適化するのではなく，企業の ☐☐☐☐☐ の配分・運用・管理を ☐☐☐☐☐ で最適化する全社業務管理情報システムである．

2. ERP の核心は，全社の ☐☐☐☐☐ を統合管理し，☐☐☐☐☐ データベースを統合することにある．

3. ERP の実現は，まず，部門 ☐☐☐☐☐ 間のデータ連携から始め，次いで，☐☐☐☐☐ の部門間統合へと進み，最後に，全部門間の業務プロセスの ☐☐☐☐☐ を行って ERP を完成させることになる．

4. ERP の役割を三つあげよ．

5. ERP のフレームワークを図示せよ．

【ヒント】 部門業務，経営資源，企業全体，基幹系業務部門，基幹系業務プロセス，基幹系業務情報，業務情報システム，業務プロセス，調整変更

第4章 全社業務資源管理

> **コラム　経営戦略**
>
> 　経営計画は，①経営目標の設定に始まり，②経営計画を策定，③経営戦略を立て実行する．経営戦略には，市場内での競争戦略と市場拡大の成長戦略がある．
> 　競争戦略の代表は，商品の差別化戦略（M. ポーター）である．コストダウンで競争優位・シェア拡大を図るコスト戦略，商品・サービスの独自性で高価格販売する差別化戦略，特定の顧客層・地域・販売チャネルに集中特化する集中戦略などがある．
> 　成長戦略の代表は，市場の拡大化戦略（H. I. アンゾフ）である．価格・サービス面で優位性を出しシェアの拡大を図る市場浸透戦略，別の用途で新市場を開拓する市場開拓戦略，新商品・改良型で販売増を図る製品開発戦略，新事業を追加して多角化する多角化戦略などがある．

第5章
サプライチェーン生産管理

今日の企業は，企業内の最適化を図るだけではなく，グループ企業全体の最適化，さらには，業界を超えた企業間の最適化に取り組んでいる．
企業の生産 ERP は，生産に関わるすべての企業，資材・部品メーカから製品メーカ，卸・小売業，物流業，消費者に至る供給のつながり全体を一つのビジネスプロセスと捉えて供給連鎖全体の最適化を図る生産管理を行っている．かかる企業間の生産業務プロセスを統合する生産管理がサプライチェーンマネジメント（SCM ： Supply Chain Management）である．

1　SCM とは
2　SCM の生産業務プロセス
3　SCM の役割
4　生産の形態
5　生産 ERP への進化
　　理解度クイズ

Supply Chain Management

Section 1　SCM とは

　サプライチェーンマネジメント（SCM：Supply Chain Management）は，資材・部品メーカから製品メーカ，卸・小売業，物流業を経て消費者，修理サービス業に至る供給の連鎖を，企業間のビジネスプロセスの連鎖として捉えて一元管理することにより，供給連鎖全体の最適化を図る総合生産管理である．

　SCM は，供給の連鎖を供給企業の視点から見ると次のようになる．

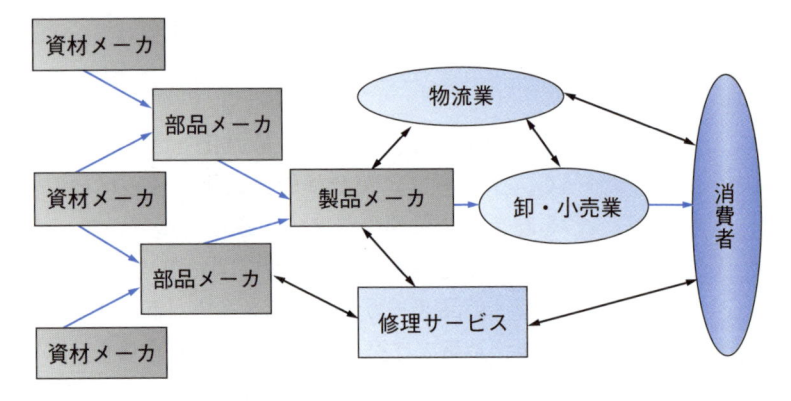

図 5.1　サプライチェーン生産の企業連鎖

Supply Chain Management

2 SCMの生産業務プロセス

SCMは，供給の連鎖を業務プロセスの視点から見ると次のようになる．

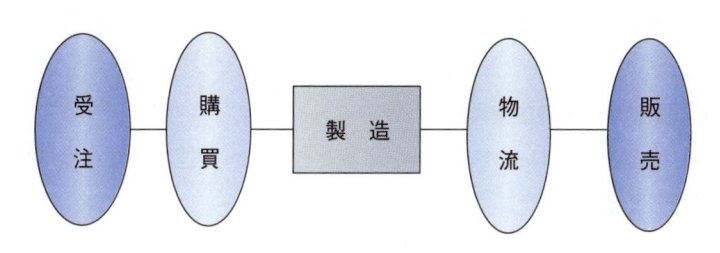

```
受注 ― 購買 ― 製造 ― 物流 ― 販売
```

図5.2　サプライチェーン生産の業務プロセス連鎖

生産管理に直接関係する生産業務プロセスは，受注管理，購買管理，製造管理である．

(1) 受注管理
顧客管理，受注管理，出荷管理，製品在庫管理

(2) 購買管理
仕入先管理，発注管理，仕入管理，資材在庫管理，部品在庫管理

(3) 製造管理
工程管理，部品表管理，設計管理，仕掛品在庫管理，原価管理

Supply Chain Management

Section 3　SCMの役割

　SCMは，供給連鎖を構成するすべての企業の生産活動全体を最適化する総合生産管理であるが，具体的な役割について見てみよう．

a) 生産活動プロセスの企業間統合
　企業間で生産業務プロセスの統合を図ることによって連続的な生産活動を行うことが可能となる．

b) 生産活動情報の企業間共有
　在庫情報や生産リードタイム情報を企業間で共有することによって安定した生産計画を実施することが可能となり，また，ほかの企業の生産活動の変化を予測して迅速に対応することが可能となる．

c) 企業間生産活動の効率化
　資材・部品・仕掛品・製品在庫の削減，在庫不足の防止，生産リードタイムの短縮などにより生産の効率化が可能となる．

d) キャッシュフローの増大
　在庫量削減によるキャッシュフローの増大，リードタイム短縮による在庫保管費削減による収益の増大が可能となる．

Supply Chain Management

4 生産の形態

　SCMで主として扱われる生産は，受注から納入までのリードタイムの短い順に，次のように分けられる．

（1）見込生産（Make to Stock）
需要を予測して在庫生産する．

（2）受注組立生産（Assemble to Order）
部品を在庫しておいて受注し，組立て生産する．

（3）受注仕様組立生産（Configure to Order）
部品を在庫しておいて受注し，顧客の仕様に応じて組立て生産する．

（4）受注加工組立生産（Build to Order）
部品や部品資材を在庫しておいて受注し，加工組立て生産する．

（5）受注生産（Make to Order）
注文を受けてから部品を調達して組立て生産する．

（6）受注設計生産（Engineer to Order）
受注してから設計して部品を調達して組立て生産する．

Supply Chain Management

Section 5　生産 ERP への進化

　生産 ERP は，全社の経営資源を活用して生産業務の最適化を実現する生産総合システムであるが，これを理解するうえでこれまでに至る生産管理システムの進化を見てみよう．

a）1970 年代の MRP（第一世代 MRP）

　MRP（Material Requirements Planning；資材所要量計画）は，生産する製品の部品展開をして必要な部品の種類と量を算出して必要な発注量を求める資材購買管理システムである．

b）1980 年代の MRP II（第二世代 MRP）

　MRP II（Manufacturing Resource Planning；製造資源計画）は，第一世代の MRP での資材所要量管理だけではなく，ロット管理および受注管理など製造に直接影響する資源管理を統合した生産統合システムである．

c）1990 年代の生産 ERP

　ERP（Enterprise Resource Planning；全社資源計画）は，第二世代の購買・生産業務だけではなく，販売・会計を含む基幹業務全体の資源管理を統合した生産総合システムである．

　そして，2000 年代には，供給連鎖の企業全体の業務プロセスを統合したサプライチェーン生産システムへと進化を遂げつつある．

理解度クイズ

1. SCM は，資材・部品メーカから ☐☐☐，☐☐☐，☐☐☐ を経て消費者，メンテナンスサービス業に至る供給連鎖全体の最適化を図る総合生産管理である．

2. SCM は，供給の連鎖を業務プロセスの視点から見ると，☐☐☐，購買，☐☐☐，物流，☐☐☐ の流れとなる．

3. SCM で主として扱われる生産形態には，受注から納入までのリードタイムの短い順に，☐☐☐，受注組立生産，☐☐☐，受注加工組立生産，☐☐☐ がある．

4. SCM の役割を四つあげよ．

5. 生産管理システムの進化過程の 3 段階をあげよ．

【ヒント】　物流業，受注仕様組立生産，製造，見込生産，製品メーカ，販売，受注生産，卸・小売業，受注

第5章
サプライチェーン生産管理

コラム　生産形態

　生産形態は，生産される製品の種類によりさまざまな形態がある．代表的な製品として，パソコン，自動車，造船，食品などがあり，それぞれに適した生産形態がある．生産形態に対応した効率的な生産管理を支援する生産 ERP ソフトが各ベンダーによって提供されている．

　ディスクリート型生産（Discrete Manufacturing）：個別組立型生産で，一つの製品を生産してから，次の製品を生産する．製品に対して部品表を作成し，工程手順に従って組立生産する．

　フロー型生産（Flow Manufacturing）：多品種混流生産で，生産資源を複数の製品製造で使用して流れ作業で生産する．ディスクリート型生産と組み合わされると，一つのアッセンブリーラインで複数の製品を組立生産する．

　プロジェクト型生産（Project Manufacturing）：受注生産で，産業機械や造船などを長期間で生産する．受注の度に，個別に設計し，資材を調達して製造する．

　プロセス型生産（Process Manufacturing）：プロセス産業型生産で，食品，塗料，医薬品，化粧品，化学製品，鉄鋼，石油，紙などを生産する．原材料の多様性，工程の多様性に対する効率化が重要である．

第6章

デマンドチェーン顧客管理

今日の企業は，顧客価値の観点から組織や業務プロセスの変更を行っている．
CRM（Customer Relationship Management；顧客関係管理）は，顧客から集めた顧客属性，購買情報，クレーム情報をもとに顧客満足を高める価値あるサービスを提供している．さらに，CRMはSCMと結合し，顧客情報から需要の変化・動向を素早く見いだし販売・流通・生産計画に反映させる需要主導・顧客起点型のデマンドチェーン顧客管理（DCM：Demand Chain Management）へと進んできている．

1 DCMとは
2 CRM
3 DCMの役割
4 DCMへの進化
　理解度クイズ

Demand Chain Management

Section 1　DCM とは

　デマンドチェーン顧客管理（DCM：Demand Chain Management）は，需要主導・顧客起点型の顧客管理であり，顧客情報から需要の変化・動向を素早く見いだし，販売・流通・生産の需要計画に反映させ，卸・小売業から物流業，さらに製品メーカ，資材・部品メーカに至る需要の連鎖を一元管理することにより，需要連鎖全体の最適化を図る顧客関係管理である．

　DCM は，CRM（顧客関係管理）を前面に，SCM を背面に配して統合し，需要連鎖を一元管理する顧客管理である．

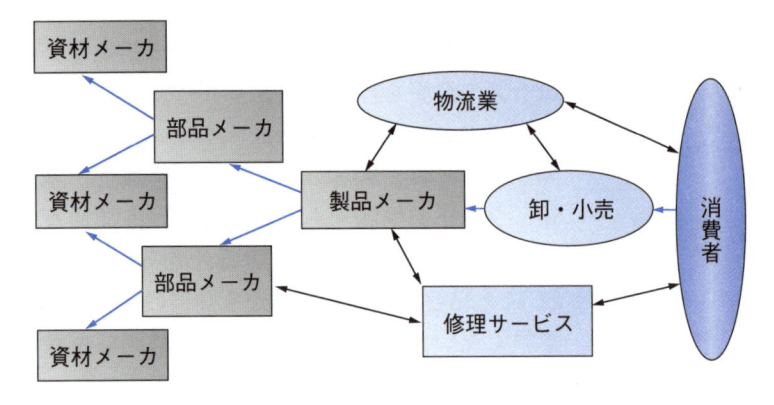

図 6.1　デマンドチェーン顧客管理の企業連鎖

Demand Chain Management

2 CRM

　CRM（Customer Relationship Management；顧客関係管理）は，顧客から集めた顧客属性・購買情報・クレーム情報をもとに，個々の顧客に対して，優良顧客に対して，潜在顧客に対して，それぞれ顧客ニーズに合った，顧客満足を高める価値あるサービスを提供するための顧客管理である．

　CRMの主な特長としては，次のようなものがある．

① **顧客情報の一元管理**
　店舗，コンタクトセンター，メール，Webサイトなど複数の営業チャネルから収集される顧客との接触情報・購買履歴などを「業務CRMデータベース」に蓄積して一元管理する．
② **顧客情報の分析**
　個々の顧客情報から顧客の属性・嗜好や消費傾向を分析する．
③ **高品質の顧客サービスの提供**
　個々の顧客ニーズに合った商品やサービス，情報を提供することにより，顧客との信頼関係を築き，売上の向上を図る．

　CRMは，利用目的から，業務CRMと戦略CRMに分けられる．

第6章 デマンドチェーン顧客管理

[1] 業務 CRM

業務 CRM（Operational CRM）は，セールス・インターネットマーケティング・カスタマーサービスの営業活動を支援・管理する業務系情報システムである．

業務 CRM の役割は，顧客情報の収集，顧客のセグメント化，顧客とのコミュニケーション，顧客へのアフタフォローなどである．

業務 CRM システムは，営業チャネルにより，SFA，eCRM，CTI の三つの業務系情報システムと業務 CRM データベースから構成される．

① セールスを支援する「SFA」．
② インターネットマーケティングを支援する「eCRM」．
③ カスタマーサービスを支援する「CTI」．
④ 三つの営業チャネルから収集される顧客情報の「業務 CRM データベース」．

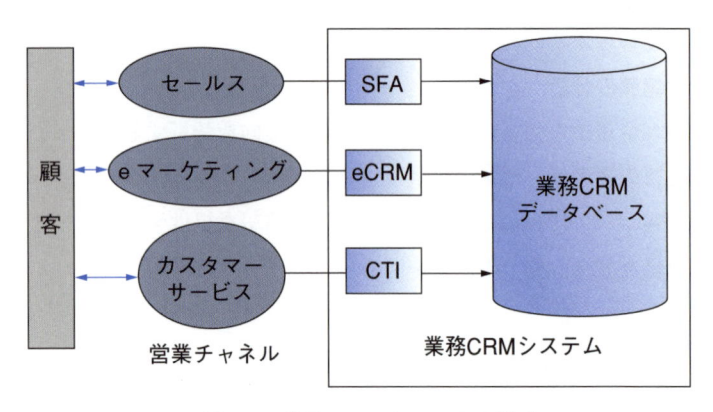

図 6.2　業務 CRM システムの構成

6-2 CRM

a) SFA

SFA（Sales Force Automation）は，営業部門の情報共有により部門管理者および営業担当者の販売活動を支援する業務系情報システムである．オフィスグループウェアツールを利用して，顧客データを始め，営業日報データから商談の進捗情報（文書，コンタクト，行動，問合せ，実績，評価）など顧客管理，文書管理，行動管理，数値管理に必要な営業情報を共有することができる．

b) eCRM

eCRM（electronic CRM）は，インターネットショップ，Web広告，メールマガジン，Webアンケート，クーポンメール，Eメールなどインターネットを利用したマーケティング支援システムである．個人単位での顧客プロファイル，購買履歴，クレジット支払履歴，アンケート，クーポン利用などの顧客情報が得られる．

c) CTI

CTI（Computer Telephony Integration）は，コールセンターにおける電話による顧客対応から得られるディジタル音声情報，コンタクトセンターにおけるファクシミリやEメール，Webページでの顧客対応などから得られるディジタルテキスト情報をCRM統合データベースで一元管理することにより，高品質のカスタマーサービスを支援する業務系情報システムである．

例えば，顧客から電話による製品の問合せや注文があると，顧客データベースから顧客情報が即座に検索され表示されるので顧客の属性や購買履歴，問合せ履歴を見ながら顧客に対応することができる．

第6章 デマンドチェーン顧客管理

[2] 戦略 CRM

戦略 CRM(Analytical CRM)は,業務 CRM で収集した顧客情報を多次元分析やデータマイニングで多角的な分析を行い,顧客ニーズや需要変化・動向などを発見し,顧客価値を高める顧客対応・マーケティング活動を支援する戦略的情報システムである.

戦略 CRM の適用例として,次のようなものがある.

a) ターゲットマーケティング
市場を細分化し,効果的なセールスの促進を図る.

b) データベースマーケティング
データベースを利用し顧客のニーズに合ったサービスを提供する.

c) 顧客分析
解約・他社への買替え顧客を予測して引止め対応策を講じる.

d) 需要予測
需要の変化要因を見いだし,顧客の需要動向を予測する.

e) リスク分析
支払遅延・クレジット支払のリスク分析により顧客の与信管理を行う.

f) 品質管理
返品・クレーム情報から不良品質の原因を発見し,歩留率を向上させる.

[3] データベースマーケティング

　戦略 CRM の最も典型的な適用例であるデータベースマーケティングは，CRM 統合データベースに記録されている顧客の属性・購買履歴・問合履歴などの個人情報を分析して顧客のニーズに適した顧客価値を高めるサービスを提供する戦略的マーケティングである．

　その主目的は，一般の顧客を対象に販売促進により新顧客を獲得するマーケティングとは異なり，既存の顧客を継続的に管理して顧客との信頼関係を深めることにより顧客を引き留め，顧客当たりの販売額を高めることにある．

a) ロイヤルマーケティング：優良顧客マーケティング

　RFM 分析による顧客スコアにより，プラチナ，ゴールド，シルバー，ブロンズなどのセグメントに顧客を分類し，プラチナ・ゴールドの優良顧客層をターゲットに高品質のサービスを行う．

b) One to One マーケティング：リード顧客マーケティング

　特定の商品を買いそうなリード顧客セグメントを見いだし，顧客一人ひとりに，ダイレクトメールや E メールを送付する．

c) キャンペーンマーケティング

　同じような価値基準をもつ顧客セグメントを見いだし，顧客価値を高める製品・サービスのキャンペーンをする．

d) パーミッションマーケティング

　消費者が趣味・嗜好を登録し，それに関連した企業情報の受取を許可したうえで情報配信する．

　① ユーザ個人専用の「カスタマイズ Web ページ」の表示
　② ユーザ自身による登録内容に応じた「オプトインメール」の配信

Demand Chain Management

Section 3　DCMの役割

　DCMは，変化する需要の動向を反映し，生産計画や在庫管理を迅速に整える新しい経営管理の手法である．

　SCMは，供給面の全体効率化に主眼があり，製品メーカを基点として部品メーカ，資材メーカ，物流業者の供給連鎖で供給プロセスの統合を図り生産・調達情報を共有することに重点があるのに対して，DCMは，需要面の全体効率化に主眼があり，顧客と直接関係にある営業を基点として小売・卸売業，製品メーカ，資材メーカ，物流業者の需要連鎖で需要プロセスの統合を図り需要・受注情報を共有することに重点がある．

　DCMの主な役割・効果として次のようなものがある．

a）顧客サービスの最適化

　顧客ニーズ・嗜好に適した質の高いサービスをタイムリーに提供することにより顧客サービスの最適化が可能となる．

b）需要主導による生産プロセスの最適化

　種々の販売チャネルから顧客需要・ニーズを的確に把握し，顧客起点の需要主導による需要連鎖全体で，顧客需要情報の共有を図ることができる．顧客需要情報の共有化により，需要連鎖にある企業は，需要変化に対して，仕入・購買管理，生産管理，製品企画に対処することが可能となる．

c）需要プロセスの最適化

　顧客接点の販売業務プロセスが需要連鎖にある企業のビジネスプロセスとの統合により，需要プロセスの可視化・効率化が可能となる．

Demand Chain Management

Section 4　DCMへの進化

今日の企業は，競争優位を図る経営戦略として，SCMとCRMとを統合したDCMへと展開している．DCMへの進化過程を振り返ることによりDCMの理解を深めよう．

a) 第一世代：個々の業務のIT化

販売，マーケティング，顧客サービス，生産といった個々の業務をIT化することでSFAやWebマーケティング，CTI，MRPなどで個々の業務の効率化を実現してきた．

b) 第二世代：バックシステムの統合

購買システムとMRP，製造工程システム，原価システムを統合し，生産業務プロセスの効率化を実現してきた．
さらに，販売システムを統合してSCMへと展開してきた．

c) 第三世代：フロントシステムの統合

SFAとWebマーケティング，CTIといった顧客接点販売チャネルを統合して顧客情報データベースの一元管理を図るCRMを実現してきた．

d) 第四世代：フロントシステムとバックシステムの統合

フロントシステムであるCRMとバックシステムであるSCMを融合させて顧客価値の最大化を目指すDCMへと進化しつつある．
顧客と企業の信頼関係を最優先し，営業・マーケティングから生産・開発・保守に至る全社の業務プロセスを顧客・需要中心に改革することにより競争優位を実現することができる．

理解度クイズ

1. DCM は，□□□□ を前面に，□□□□ を背面に配して統合し，□□□□ を一元管理する顧客管理である．

2. 業務 CRM は，□□□□，□□□□，□□□□ の営業活動を支援・管理する業務系情報システムである．

3. 業務 CRM システムは，営業チャネルにより，セールスを支援する □□□□，インターネットを利用する □□□□，□□□□ を支援する CTI の業務系情報システムと業務 CRM データベースから構成される．

4. DCM の役割を三つあげよ．

5. DCM への進化過程の四つの世代を列記せよ．

【ヒント】 eCRM，CRM，SFA，SCM，需要連鎖，カスタマーサービス，インターネットマーケティング，セールス

第7章
業務アプリケーション統合

今日の企業は，企業内では ERP による全社業務システムの統合を行い，企業間ではグループ企業間，SCM によるチェーン企業間，B to B 電子商取引による企業間で業務システムの連携・統合が行われている．かかる企業間の業務システムの連携を実現するための統合技術として，EAI（Enterprise Application Integration；業務アプリケーション統合）がある．

1 EAI とは
2 ハブ＆スポークによる統合
3 ハブ＆スポークの構造
4 EAI ツールの役割
   理解度クイズ

Enterprise Application Integration

Section 1　EAI とは

　EAI（Enterprise Application Integration；業務アプリケーション統合）は，複数の業務プロセスや業務データベースを連携させ，一つの業務システムとして機能させる業務系情報システムの統合技術である．同一の情報環境にある業務系情報システム間の統合は，ERP などの業務統合ソフトで比較的容易に実現できるが，異なる情報環境にある業務系情報システムの統合は容易ではない．異なる情報環境をすべて受け入れたうえでの統合技術が要求される．

　情報環境の違いには，次のようなものがある．
　① 業務アプリケーションの違い
　購買，製造，販売，会計などの業務システムがそれぞれ異なるベンダーの業務アプリケーションで構築されている．
　② プラットホーム（機種，OS）の違い
　異なるメーカの機種，異なる OS（メインフレーム，UNIX，Windows）のもとで稼動している．
　③ 利用形態・ユーザソフトの違い
　異なるデータベース，さまざまな Web アプリケーション，異なるオフィスソフトなどを利用している．

　これら異機種にある異なる業務アプリケーションを互いに結合させ，異なるデータベースを連結させ，さらに，そのうえでさまざまなユーザソフトが利用できるように業務システムを統合させることが必要である．
　EAI ツールとして，最も簡単なものは，二つのアプリケーションをメールボックス方式で 1 対 1 にメッセージ交換をする「MOM（Message Oriented Middleware）」があり，三つ以上のアプリケーション間での 1 対多，多対多のメッセージ交換をする「ハブ＆スポーク（Hub & Spoke）」がある．

Enterprise Application Integration

2 ハブ＆スポークによる統合

　ハブ＆スポーク（Hub & Spoke）は，多対多の業務アプリケーション統合を実現する仕組みである．

　各業務アプリケーションは，Hubサーバに接続するだけでほかのすべての業務アプリケーションとメッセージ交換をすることができる．

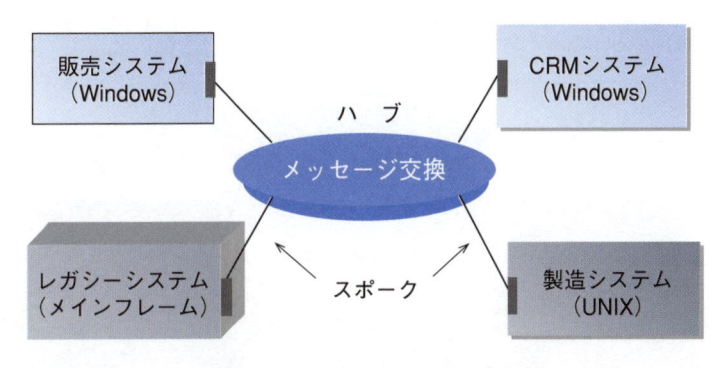

図7.1　ハブ＆スポークの概念図

Enterprise Application Integration

Section 3　ハブ＆スポークの構造

　ハブ＆スポークは，中央に「ハブ」があり，ハブから放射線状に「スポーク」が出ていて，スポークの先端には業務システム固有の「アダプタ」があり，アダプタ（コネクタ）によって異なる業務システムが接続されている．

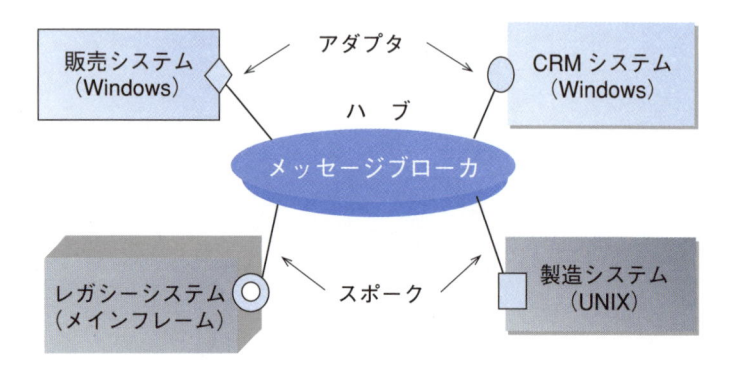

図7.2　ハブ＆スポークの構造

メッセージ処理には，アダプタによる処理とハブによる処理がある．
（1）アダプタによるメッセージ処理は，業務システム固有のデータ形式に従ってメッセージの送受信を行う．
（2）ハブによるメッセージ処理は，メッセージブローカによって，次の3種類の処理が行われる．
　①　メッセージ処理の流れを定義する「メッセージフロー処理」
　②　業務システムから送信されてきたデータ（メッセージ）を受信先の業務システムに適合したデータ形式（項目コード，文字コードなど）に変換する「メッセージ変換処理」
　③　メッセージフローに従ってメッセージを配信する「ルーティング処理」

Enterprise Application Integration

4　EAIツールの役割

　EAIツールは，異なる情報環境にある業務システムをメッセージ交換により連携させる業務統合ソフトである．これを活用すれば業務効率を上げることができるのか，EAIツールの役割について見てみよう．

a）業務システムを連携するミドルウェア
　各業務システムのアダプタ（インタフェース）を準備するだけで，既存業務システムにほとんど手を加えることなく，情報環境の異なる業務システムと通信することができる．

b）ワークフローの自動制御
　ハブのメッセージフロー処理を利用することにより，ほかの業務システムを組み合わせたワークフローを構築することができる．

c）電子データ交換
　異業種の業務システムとの連携により，企業間の電子商取引における電子データ交換（EDI）を実現することができる．

理解度クイズ

1. EAIは，複数の　　　　　　や　　　　　　を連携させ，一つの業務システムとして機能させる統合技術である．

2. EAIツールには，二つのアプリケーション間で1対1にメッセージ交換をする　　　　　　があり，三つ以上のアプリケーション間で多対多のメッセージ交換をする　　　　　　がある．

3. 多対多の業務アプリケーション統合を実現する　　　　　　では，各業務アプリケーションは，　　　　　　に接続するだけでほかのすべての業務アプリケーションとメッセージ交換をすることができる．

4. 情報環境の違いを三つ列記せよ．

5. EAIツールの役割を三つあげよ．

【ヒント】 Hubサーバ，業務プロセス，ハブ&スポーク，MOM，業務データベース

第8章

ビジネスプロセス連携

今日の企業は，企業を取り巻くビジネス環境の変化に対応して素早く柔軟に業務システムを改革するため，Web サービスを活用している．Web サービスは，ビジネスプロセスをインターネット上で自由自在に統合して効率良い業務システムを構築することのできるサービス統合技術である．

1 Web サービスとは
2 Web サービスの構成
3 Web サービスと EAI の比較
4 SOA
5 ESB
6 Web サービスと Web アプリケーションの比較
理解度クイズ

Business Process Integration

Section 1 Webサービスとは

　Webサービスは，ネットワーク上に分散したビジネスプロセス（サービス）をインターネット（Web）上で連携させる技術である．

　各企業が業務システムのサービスをWeb上に公開することによって，すべての企業がそれらのサービスを検索して利用することができ，企業内の異なる業務プロセスや企業間のビジネスプロセスの連携が可能となる．企業間でもファイアウォールを安全に通過することができる．

　つまり，ビジネスプロセスをインターネット上で自由自在に統合して最適な業務システムを構築することができる．

　サービスとは，標準化された手順で呼出し可能な業務の作業単位であり，単独で一つの自立した作業をする再利用可能なソフトである．具体的には，受注処理，信用照会，在庫確認，注文処理といった作業単位のビジネスプロセスを表す．

　業務システムはビジネスプロセスのワークフローからなり，業務システムがアプリケーション，ビジネスプロセスがサービスに対応する．

　単体では利用できないが意味のある作業をする機能を有するソフトとして「オブジェクト」がある．

　「オブジェクト」が集まって「サービス」となり，サービスが集まって「業務システム」となる．

　Webサービスはサービスの連携技術であり，EAIは業務システムの統合技術である．

Business Process Integration

2 Web サービスの構成

　Web サービスは，サービスを提供する「サービスプロバイダ」，サービスの情報を管理する「サービスブローカ」，サービスを利用する「サービスリクエスタ」から構成される．

```
                    サービスブローカ
                    ┌─────────────┐
                    │    UDDI     │  ❶サービス登録
                    │  レジストリ  │    (WSDL)
                    └─────────────┘
        ❷サービス検索    ❸サービス仕様
           (SOAP)          (WSDL)           ┌──┐
                                            │サ│
        ┌──────────┐                        │ー│
        │業務システム│                       │ビ│
        └──────────┘      ❹サービス利用      │ス│
                            (SOAP)          └──┘
     サービスリクエスタ                  サービスプロバイダ
```

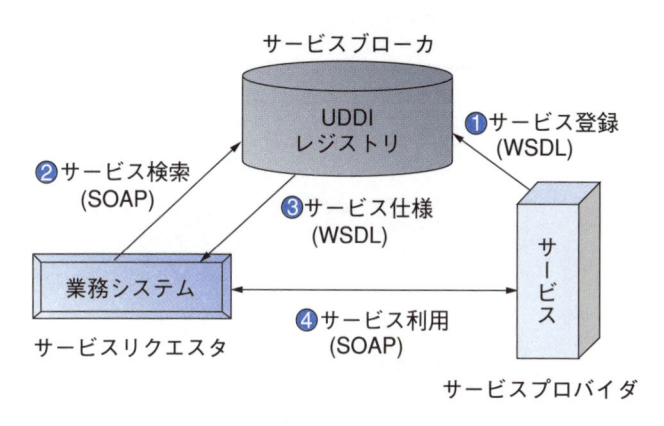

図 8.1　Web サービスの構成

　Web サービスにおけるメッセージ交換は，インターネットの標準通信技術である SOAP（Simple Object Access Protocol）プロトコルにより，XML（eXtensible Markup Language）で記述されたメッセージ（SOAP メッセージ）で行われる．SOAP は，HTML（Hyper Text Markup Language）で記述されたホームページを転送する HTTP（Hyper Text Transfer Protocol）や任意のファイルを転送する FTP（File Transfer Protocol），メールを転送する SMTP（Simple Message Transfer Protocol）のプロトコルを含んだ通信規約である．

第8章 ビジネスプロセス連携

a) サービスプロバイダ (service provider)

サービスプロバイダは，サービスの提供者であり，公開提供するサービスの内容・仕様・利用に関する情報を WSDL (Web Services Description Language) で記述した XML 文書にして，サービスのデータベースである UDDI (Universal Description, Discovery and Integration) レジストリに登録する．

WSDL の仕様は次のようになっている．

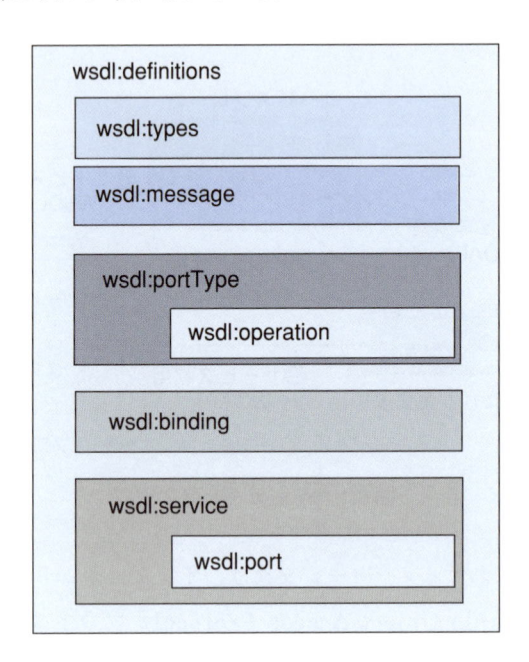

```
wsdl:definitions
    wsdl:types
    wsdl:message
    wsdl:portType
        wsdl:operation
    wsdl:binding
    wsdl:service
        wsdl:port
```

図 8.2　WSDL の仕様

b) サービスブローカ (service broker)

サービスブローカは，サービスの情報の管理者であり，各企業がサービスを公開提供のため登録した UDDI レジストリを管理し，サービスの検索および情報の抽出を行う．

c）サービスリクエスタ（service requester）

サービスリクエスタは，サービスの利用者であり，サービスの要求内容を記述した SOAP メッセージ（XML 文書）をサービスプロバイダに送信し，サービスの結果を受信する．

SOAP メッセージは，Web ページと同じプロトコルである HTTP をメッセージの冒頭で指定することにより，インターネット上で送受信される．

SOAP メッセージの仕様は次のようになっている．

```
┌─────────────────────────────┐
│  プロトコルバインディングヘッダ  │
│   （通信プロトコル，送り先宛名）  │
└─────────────────────────────┘
┌─────────────────────────────┐
│       SOAP エンベロープ       │
│  ┌───────────────────────┐  │
│  │     SOAP ヘッダ         │  │
│  │  （メッセージ管理情報）   │  │
│  └───────────────────────┘  │
│  ┌───────────────────────┐  │
│  │     SOAP ボディ         │  │
│  │  （メッセージ本体内容）   │  │
│  └───────────────────────┘  │
└─────────────────────────────┘
```

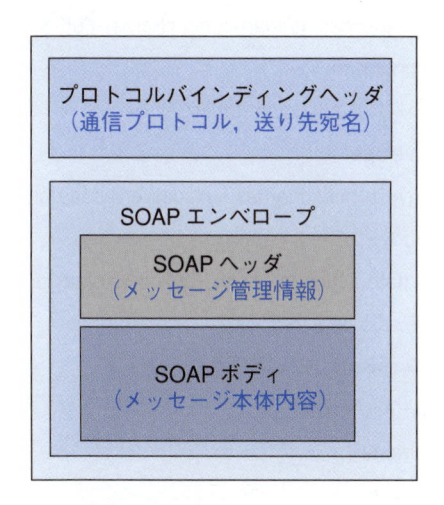

図 8.3　SOAP メッセージの仕様

SOAP メッセージは，プロトコルバインディングヘッダ（プロトコルヘッダ）と SOAP エンベロープ（SOAP 封書）からなる．

① プロトコルヘッダには，通信手順のプロトコルおよび宛先の URL アドレスを記述する．
② SOAP エンベロープは，SOAP ヘッダ（メッセージの管理情報）と SOAP ボディ（メッセージの本体内容）からなる．

第8章 ビジネスプロセス連携

管理情報とは，主としてセキュリティやセッション，添付に関する情報（パスワード，ハッシュ値，セッションID，MIME など）であり，不必要な場合は省略される．SOAP ボディでは，宛先のサービスを呼び出し（RPC：Remote Procedure Call），見積りや注文などの要求内容を記述する．

```
POST /getEstimate HTTP/1.1
Host: www.hitachi.co.jp
Content-Type: application/soap+xml ; charset="utf-8 "
Content-Length: nnnn
<?xml version="1.0" encoding="shift_jis"?>
<soapenv:Envelope
xmlns:soapenv="http://schemas.xmlsoap.org/soap/envelope/">
 <soapenv:Body>
  <m:getEstimate xmlns:m="http://www.hitachi.co.jp/schema/">
    <m:商品名>冷蔵庫</m:商品名>
    <m:商品コード>rf-012</m:商品コード>
    <m:数量>100</m:数量>
  </m:getEstimate>
 </soapenv:Body>
</soapenv:Envelope>
```

図 8.4　見積要求の SOAP メッセージ

Web サービスを利用する手順をまとめると次のようになる．
① 利用者は，Web 上にある UDDI レジストリを検索して，利用したいサービスの情報を見つける．
② UDDI レジストリでサービスの情報が見つかると，その情報に基づいて利用者のサービスが提供者のサービスを呼び出し，両者のサービスが連携してデータの交換を行う．

d) ビジネスプロセスの設計と自動化

　業務システム間のビジネスプロセスの統合は，BPEL（WS-BPEL：Business Process Execution Language for Web Services）を用いて，ビジネスプロセスのワークフローをXML言語で設計・記述され，設計されたワークフローはオーケストレーションエンジンによって実行される．

　システム開発においてワークフローを記述する標準言語として，UML（Unified Modeling Language）があるが，UML言語で記述された業務プロセスは，変換ツールにより，BPEL言語に変換されてから実行される．

Business Process Integration

3 Web サービスと EAI の比較

Web サービスと EAI の違いを，① メッセージ形式，② メッセージのルーティング，③ 通信手順規約，④ 連携単位の観点から見てみよう．

表 8.1 Web サービスと EAI の比較

	Web サービス	EAI
メッセージ形式	標準（XML）	ベンダー独自
ルーティング	標準（XML）	ベンダー独自
プロトコル	標準（SOAP, HTTP, FTP, SMTP）	ベンダー独自
呼出し単位	サービス	API

Web サービスはインターネットの公開された標準技術を採用しているので Web 上で誰もが利用できるのに対して，EAI はベンダー独自の固有な技術を使用しているためにほかのシステムとの連携も困難であり，誰もが利用できる環境にはない．

また，連携をする呼出し単位について，Web サービスでは業務粒度の小さいサービス単位であるので，連携による作業効率は高いのに対して，EAI では業務粒度の大きいアプリケーション単位であるので連携による作業効率は低い．

Business Process Integration

4 SOA

　SOA（Service Oriented Architecture；サービス指向設計体系）は，単独で動作可能なサービスを組み合わせることによって情報システムを設計構築する体系である．

　SOAの特長は，サービスの連携，疎結合の連携，分散コンピューティングにある．

a）サービスの連携
　業務システムは，業務的に意味のある作業単位のワークフローで表される．作業単位はビジネスプロセスと呼ばれ，それ自体で動作可能な単位である．ビジネスプロセスを実現するソフトがサービスであり，サービスはさらに細かいプログラム（オブジェクト）からなる．

b）疎結合の連携
　サービスとサービスの連携は，標準化されたインタフェースを通してメッセージ交換によって行われる疎結合である．これに対して，インタフェースで連携するのではなく，二つ以上のサービスを一つの作業単位として構築する連携は密結合と呼ばれる．

c）分散コンピューティング
　ネットワーク上に散在しているサービスを連携させ分散処理させて，実質的に一つの業務システムとして機能させる方式である．

Business Process Integration

Section 5 ESB

　SOAを実装した代表的なシステム統合ミドルウェアとして，WebサービスとESBがある．

　Webサービスは，SOAに基づいた業務システム連携ミドルウェアの一つであり，インターネット標準通信手順（プロトコル）を利用していることから，Webサービスと呼ばれている．

　ESB（Enterprise Service Bus）は，Webサービスのサービスのみならず，JavaベースのJCA（J2EE Connector Architecture）に基づいて開発されたアプリケーションの機能をサービスとして定義し，同期・非同期の連携をESB上で実現して実行する高機能のミドルウェアである．

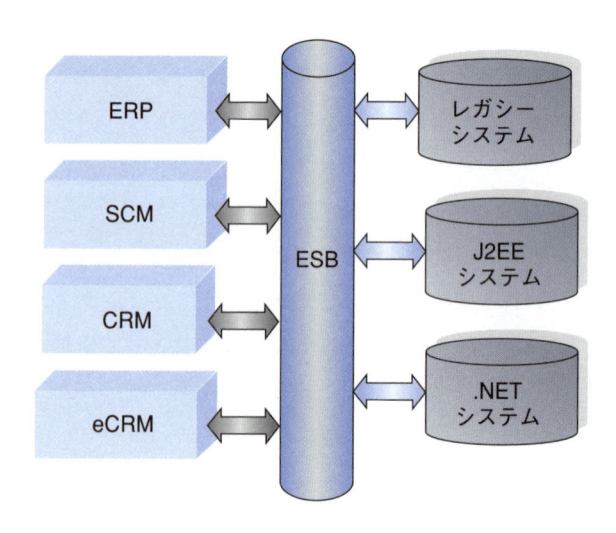

図8.5　ESBの機能

Business Process Integration

Section 6 Web サービスと Web アプリケーションの比較

　Web サービスと Web アプリケーションの違いを，① サービスの提供者と利用者の関係，② メッセージの記述言語，③ 処理の流れの制御，④ 通信手順規約，⑤ 電子商取引関係の観点から見てみよう．

表 8.2　Web サービスと Web アプリケーションの比較

	Web サービス	Web アプリケーション
提供者と利用者	システム間	システムと人間
記述言語	XML	HTML
処理の流れの制御	システム	人間
プロトコル	SOAP と HTTP/HTTPS	HTTP/HTTPS
電子商取引関係	企業と企業	企業と企業，企業と消費者

　Web アプリケーションは，ユーザが Web ブラウザから利用できるアプリケーションサービス（複数の業務システムの処理を連結し，処理の流れを制御する機能）である．

　アプリケーションサービスを提供するサーバは，Web アプリケーションサーバ，または，単に，アプリケーションサーバと呼ばれる．

　企業内の業務システムや企業間，企業・消費者間の電子商取引に利用されているが，最近では，インターネットショッピングやインターネットオークション，インターネットバンキングなど企業・消費者間電子商取引での利用が主流となっている．

理解度クイズ

1. Webサービスは，ネットワーク上に分散した □□□□ を □□□□ 上で連携させる技術である．

2. 単体では利用できないが意味のある作業をする機能を有するソフトウェアとして □□□□ がある．□□□□ が集まって □□□□ となり，□□□□ が集まって「業務システム」となる．

3. Webサービスは，サービスを提供する □□□□ ，サービスの情報を管理する □□□□ ，サービスを利用する □□□□ から構成される．

4. SOAPメッセージの仕様を図示せよ．

5. SOAの特長を三つあげよ．

【ヒント】 サービスリクエスタ，ビジネスプロセス，サービス，
サービスプロバイダ，オブジェクト，インターネット，
サービスブローカ

第9章
ビジネスプロセス管理

今日の企業は,ビジネス環境変化に対応して業務システムの問題点を早期に発見し,迅速に業務プロセス改革を行っている.現状のビジネスプロセスの流れを常時監視し,ビジネス環境変化に即応して業務システムを変更し,ビジネスプロセスの流れを最適化していかなければならない.かかるビジネスプロセスを管理し最適な業務システムを構築するために利用されるツールがBPM(Business Process Management)である.

1 BPMとは
2 BPMシステムの構成
3 BPMシステムの例
4 BPMツールの利用者
5 BPMへの進化
理解度クイズ

Business Process Management

Section 1 BPMとは

　BPM（Business Process Management）は，業務の始めから完了までを，ビジネスプロセス（業務の作業単位）のワークフロー（流れ図）で可視化して，現状を常時監視し，課題や問題を素早く発見して，不要なプロセスの削除や新規プロセスの挿入を行い，業務システム全体の効率を最適な状態に管理・維持することである．

a）ビジネスプロセスのワークフロー

　ビジネスプロセスのワークフローは，一つの完結した業務の始めから完了までの作業の流れを，業務の作業単位（ビジネスプロセス）の流れ図（ワークフロー）に表したものである．ビジネスプロセスは，業務を構成する作業単位であり，それ自体で意味のある作業をする．

　受注業務を例にとると，受注業務のビジネスプロセスは，次のようになる．
① 顧客の発注
② 受注処理開始
③ 信用チェック
④ 信用判定
　　承認拒否 ➡ 顧客連絡
　　承認OK ➡ 在庫確認
⑤ 在庫確認
　　在庫不足 ➡ 入庫チェック
　　在庫OK ➡ 出荷指示
⑥ 出荷処理
⑦ 請求書発行
⑧ 受注処理完了

9-1 BPMとは

受注業務のワークフローは，次のように図示される．

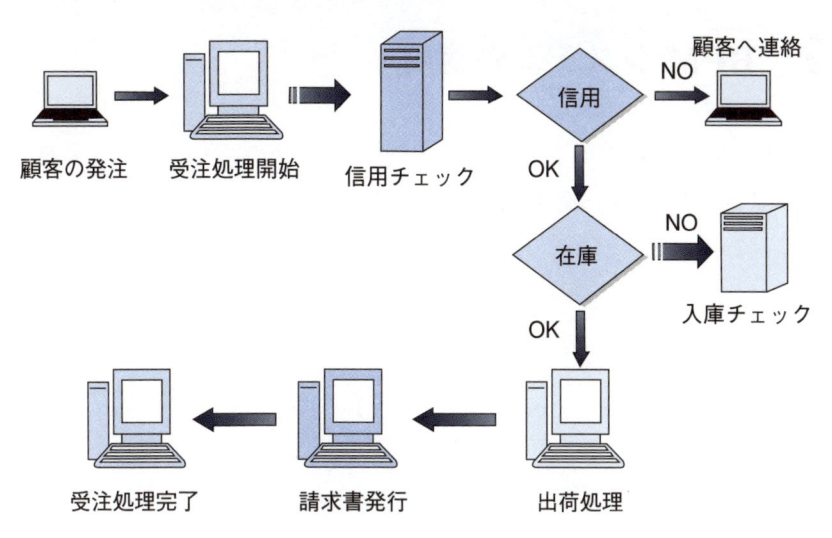

図 9.1　受注業務のワークフロー

b) ビジネスプロセス管理の手順

ビジネスプロセス管理は，次の手順で行われる．

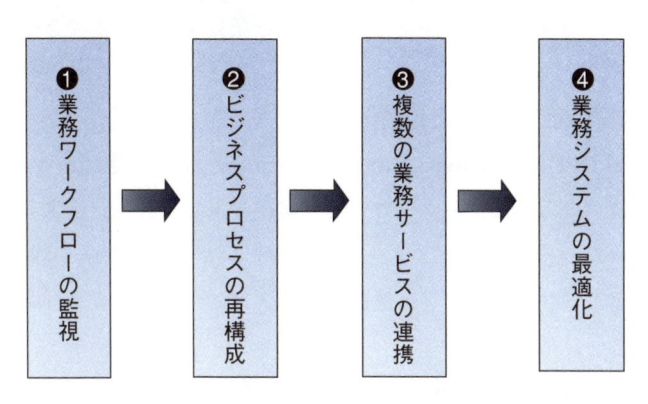

❶ 業務ワークフローの監視 → ❷ ビジネスプロセスの再構成 → ❸ 複数の業務サービスの連携 → ❹ 業務システムの最適化

図 9.2　ビジネスプロセス管理の手順

Business Process Management

Section 2 BPMシステムの構成

BPMシステムは，ビジネスプロセスを管理するためのツールであり，監視ツールおよび自動化ツール，連携ツールからなる．

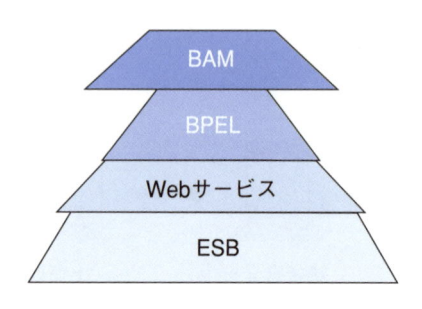

```
         BAM
       BPEL
     Webサービス
       ESB
```

図9.3 BPMシステムの構成

a) 業務プロセスの可視化と監視ツール

BAM（Business Activity Monitoring）は，業務の流れを視覚的にワークフロー図で表示し，モニタリング機能により業務の進捗をリアルタイムに監視し，また，分析機能により業務の現状を評価して問題点を発見することができる．

b) ビジネスプロセスの設計と自動化ツール

BPEL（WS-BPEL：Business Process Execution Language for Web Services）は，ビジネスプロセスのワークフローをXML言語で設計・記述するツールであり，設計されたワークフローはオーケストレーションエンジン（Webサービスやさまざまなアプリケーションを連携するエンジン）によって実行される．

c) 異なる情報環境にある業務システムとの連携ツール

ESB（Enterprise Service Bus）は，SOAに基づいた開発された業務システムのサービスのみならず，SOAに基づかない業務システムであってもその機能をサービス化して連携することができるミドルウェアである．

Business Process Management

3 BPMシステムの例

BPMシステムの構成を具体的な例で見てみよう．

a) BEA社のWebLogic Integration

WebLogic Integrationシステムの構成は，三つの階層からなる．

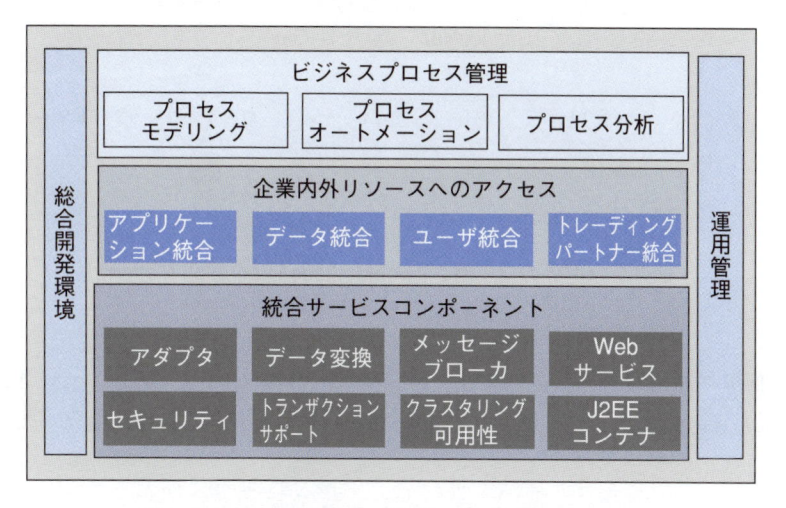

```
┌─────────────────────────────────────────────────┐
│         ビジネスプロセス管理                      │
│  プロセス    プロセス                            │
│  モデリング  オートメーション   プロセス分析      │
├─────────────────────────────────────────────────┤
│         企業内外リソースへのアクセス              │
│  アプリケー              ユーザ統合  トレーディング│
│  ション統合  データ統合              パートナー統合│
├─────────────────────────────────────────────────┤
│         統合サービスコンポーネント                │
│  アダプタ    データ変換  メッセージ    Web        │
│                          ブローカ    サービス     │
│  セキュリティ トランザク  クラスタリング J2EE     │
│              ションサポート 可用性     コンテナ   │
└─────────────────────────────────────────────────┘
   総合開発環境                         運用管理
```

図9.4　BPMの構成例1（BEA WebLogic Integration）
（出典：http://jp.bea.com）

上位層は，ビジネスプロセス管理層で，監視ツールと設計・自動化ツールからなる．

中位層は，企業内外リソースへのアクセス層で，連携のためのアクセスツールからなる．

下位層は，統合サービスコンポーネント層で，サービスを生成・連携するためのツール群からなる．

b) webMethods 社の Integration Platform

Integration Platform システムの構成は，三つの階層からなる．

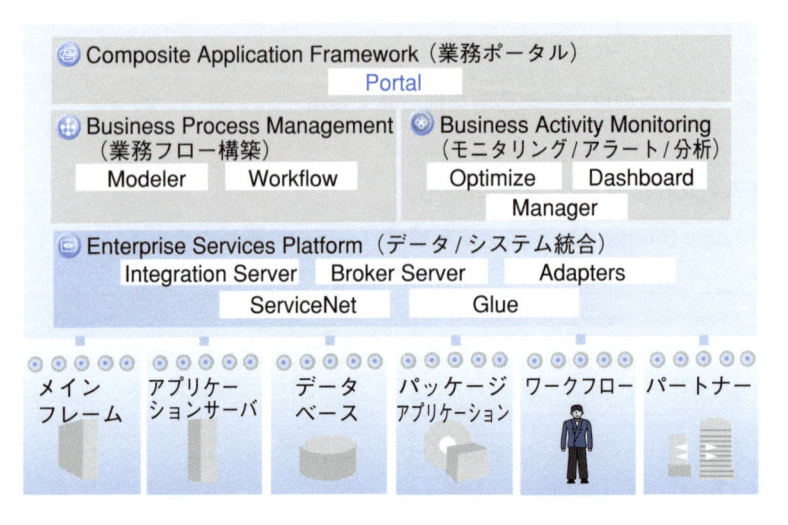

図 9.5 BPM の構成例 2（webMethods Integration Platform）
（出典：http://www.webmethods.com）

上位層は，複合アプリケーション基盤層で，SOA 対応のアプリケーションや SOA 非対応のアプリケーションの複合モデルを連携させる操作画面ツールからなる．

中位層は，ビジネスプロセス管理・アクティビティ監視層で，プロセスフロー設計・自動化ツールとアクティビティの可視化・監視ツールからなる．

下位層は，サービス連携基盤層で，SOA 対応システムや SOA 非対応システムからサービスを生成し結合する連携ツールからなる．

Business Process Management

Section 4　BPM ツールの利用者

BPM ツールと利用者の関係を見てみよう．

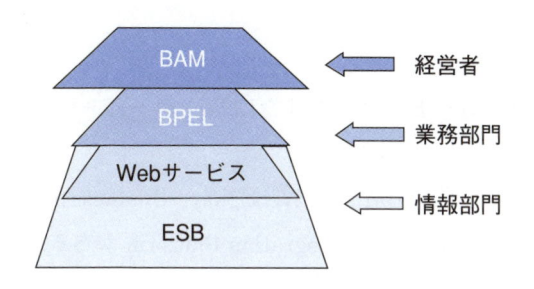

図 9.6　BPM ツールと利用者の関係

a）経営者が使う分析ツール

経営者は，BAM を使用して，業務プロセスを監視し，業務効率（KPI 値）を評価分析する．

b）業務部門が使う管理ツール

業務部門の管理者は，BPEL を使用して，業務プロセスを構築・変更し実行する．

c）情報部門が使う統合ツール

情報部門は，ESB を使用して異機種異 OS の社内業務システムの統合基盤，Web サービスを使用して企業間業務システムの統合基盤を整備する．

Business Process Management

Section 5 BPMへの進化

BPMツールは，その母体の特長から，三つの系統に分類される．

a) EAI・Webサービス系

システム間連携を行うEAIツールまたはWebサービスに，プロセス設計が行えるBPM機能を追加したものである．

代表的なBPMとして，IBM社のWebSphere Business Integration Server，webMethods社のwebMethods Integration Platformがある．

b) Webアプリケーションサーバ系

Webアプリケーションサーバに，オブジェクト指向のシステム連携技術（JCA）を利用してEAI機能を付加したうえでBPM機能を追加したものである．

代表的なBPMとして，BEAシステムズ社のWebLogic Integrationがある．

c) ワークフロー系

出張届や稟議書など承認を必要とする書類を電子書類化して効率的に処理するワークフロー管理ツールに，BPM機能を付加したものである．

代表的なBPMとして，Savvion Technology社のSavvion Business Managerがある．

これらのBPMツールの特色は，BPM実行機能が充実していることは当然であるが，他の機能についてはその充実度はさまざまであり，それぞれの母体が有する機能を一番得意としていることである．

理解度クイズ

1. ビジネスプロセス管理の手順は，☐☐☐☐，☐☐☐☐，複数の業務サービスの連携，☐☐☐☐の順に行われる．

2. BPMシステムは，ビジネスプロセスを管理するためのツールであり，監視ツールである☐☐☐☐，自動化ツールである☐☐☐☐，連携ツールである☐☐☐☐からなる．

3. BPELは，☐☐☐☐のワークフローを☐☐☐☐で設計・記述するツールであり，設計されたワークフローは☐☐☐☐によって実行される．

4. BPMツールと利用者の関係を図示せよ．

5. BPMツールの系統を三つあげよ．

【ヒント】 ビジネスプロセス，ビジネスプロセスの再構成，
業務ワークフローの監視，BPEL，XML言語，ESB，
オーケストレーションエンジン，BAM，業務システムの最適化

第9章 ビジネスプロセス管理

コラム　マーケティング戦略

　マーケティングは商圏の分析に始まり製品の開発・生産・販売までの経営活動である．①商圏の分析により現状分析を行い，②SWOT分析により作戦を立て，③マーケティングミックスにより販売行動計画を立て，④マーケティング戦略により販売作戦を実施する．

　商圏分析（3C分析）では，Customer（顧客）分析で事業チャンスや市場の大きさを把握し，Competitor（ライバル）分析で競争脅威，競合製品を，競争企業を把握し，Company（会社）分析で自社の経営状況，経営資源，コアコンピタンスを把握する．商圏分析とも呼ばれる．

　SWOT分析では，自社の得意（Strength），不得意（Weakness），市場の機会（Opportunity），市場の脅威（Threat）の面から，自社を取り巻く経営環境分析を行う．

　マーケティングミックス（4P分析）では，マーケティングの基本要素である製品（Product），価格（Price），流通（Place），販促（Promotion）について販売行動計画を立てる．

　マーケティング戦略では，販売行動計画に基づいて，地域特性に対応した戦略，商品範疇を限定した戦略，主要顧客を優遇する戦略，個々の顧客に対応した戦略などの作戦計画を立て実施する．

第10章
電子商取引データ交換

今日の企業は，電子商取引において，当初の専用線によるVAN型EDIから，グローバル経営環境の中でインターネットによるWeb型EDIへ，さらに，企業間ビジネスプロセス連携の中でebXML型EDIへと，企業間のビジネスデータ交換の情報通信基盤を変えてきている．

1 電子商取引とは
2 VAN型EDI
3 Web型EDI
4 ebXMLとは
5 ebMXLサービスの構成
6 ebXMLサービスとWebサービスの比較
   理解度クイズ

Electric Data Interchange

Section 1　電子商取引とは

　電子商取引（EC：Electronic Commerce）は，ネットワーク上で行われる商取引であり，注文書や納品書，請求書などのビジネス文書が電子データとしてコンピュータ間で交換される．

　企業間で行われる電子商取引は B to B（Business to Business），企業と消費者間で行われる電子商取引は B to C（Business to Consumer）と呼ばれる．

　企業間の電子商取引では，ビジネス文書は各業界の標準規格（EDI 標準）に基づいて電子データの交換が行われる．

[1] EDI 標準

　企業間の電子商取引における電子データ交換（EDI：Electronic Data Interchange）は，国連で決められた国際標準に則して設定された各国の標準規格（EDI 標準）に基づいて行われる．

　EDI 標準は，取引基本規約（取引の種類），業務運用規約（運用ルール），情報表現規約（シンタックスルールと標準メッセージ），情報伝達規約（通信手順）についての標準規格である．現在，情報表現規約と情報伝達規約の標準規格があり，他の規約は未だ標準化されていない．EDI にとって最も重要な規約は情報表現規約であるので，一般には，EDI 標準は情報表現規約の標準規格を意味する．また，情報表現規約の標準規格はビジネスプロトコルと呼ばれている．

a）EDI 標準（情報表現規約）

　EDI 標準（情報表現規約）としては，次のようなものがある．

① 国際標準としては，UN/EDIFACT，ebXML
② 日本標準としては，CII 標準，EIAJ 標準，JEDICOS
③ 米国標準としては，ANSI X.12

UN/EDIFACT（United Nations rules for Electronic Data Interchange For Administration, Commerce and Transport）は，1988年に国連・欧州経済委員会によって作成されたEDIの国際標準であり，三つの基本要素（シンタックスルール，データエレメントディレクトリ，標準メッセージ）からなる．

シンタックスルールは，電子書類の構文規則（タグ，セパレート文字，データエレメントなど），データエレメントディレクトリは，データ要素の定義（社名，所在地，日付，品名，価格など），標準メッセージは，ビジネス文書（納期照会，注文内容，納入指示など）の標準書式である．

ebXML（electronic business using XML）は，2001年にUN/CEFACT（United Nations Center for Trade Facilitation and Electronic Business）とOASIS（Organization for the Advancement of Structured Information Standards）により，すべての企業が参加できる世界単一の電子ビジネス市場の創出を目的に，XMLベースの電子ビジネス文書交換のための技術仕様が作成され，2004年に国際規格として制定された．

EIAJ標準は，1989年に日本電子機械工業会の電子商取引推進センタにより制定され，CII標準（CIIシンタックスルール）は，1992年に産業情報化推進センタ（現 日本情報処理開発協会電子商取引推進センタ）によりEIAJ標準をベースにして制定された．CII標準は電子機械業界をはじめ，多くの業界（家電，電機，コンピュータ，自動車，石油化学，建築など）で利用されている．CII標準に基づいて制定された業界の標準メッセージ規格（ビジネスプロトコルIDという）には，例えば，HWSW（小型コンピュータ業界），JAMA（自動車業界），JEMA（重電機工業会），JPCA（化学業界）などがある．

JEDICOS（Japan EDI for COmmerce Systems）は，1997年に流通システム開発センタにより，JCA標準（日本チェーンストア協会）の制約（固定長，半角英数字，項目数）を緩和し，漢字や項目追加などのできる新しいEDI流通標準として制定された．

b) EDI 標準（情報伝達規約）

情報伝達規約の EDI 標準としては，次のようなものがある．
① 金融業や製造業では，全銀手順，全銀 TCP/IP 手順，拡張 Z 手順
② 流通業では，JCA 手順，JCA-H 手順，H-TCP/IP 手順

[2] EDI の運用形態

EDI の運用形態は，情報技術の急速な革新により，次のような進展を遂げてきている．

(1) VAN 型 EDI
ネットワークを運営する VAN 業者がホストコンピュータで EDI システムを運用し，各企業は専用通信ソフトを用いて専用回線でホストコンピュータに結んで企業間の電子データ交換を行う．

(2) Web 型 EDI
発注企業は発注業務システムを Web サーバに導入し，受注企業は Web サーバにアクセスして企業間の電子データ交換を行う．

Web 型 EDI には，① HTML-EDI，② XML-EDI がある．

(3) ebXML
インターネット上で，統一標準（XML とサービスをベースとするビジネスプロトコル）で世界中の企業と電子データ交換を行う．

Electric Data Interchange

Section 2　VAN 型 EDI

　VAN 型 EDI は，ネットワークを運営する VAN 業者が業者のホストコンピュータで EDI システムを運用し，各企業のクライアントコンピュータとは専用回線で結んでクライアント側の専用通信ソフトを用いて企業間の電子データ交換を行う付加価値情報通信（VAN：Value Added Network）システムである．

　VAN（付加価値情報通信）とは，電子データを右から左へそのまま転送するのではなく，各企業の通信速度，伝送手順，通信手順の違いに合わせて電子データに通信処理を施して転送する情報通信である．

　標準メッセージには CII 標準や JCA 標準などが利用され，通信手順には，全銀手順や JCA 手順などが利用される．

　VAN 型 EDI の電子データ交換は次のように行われる．

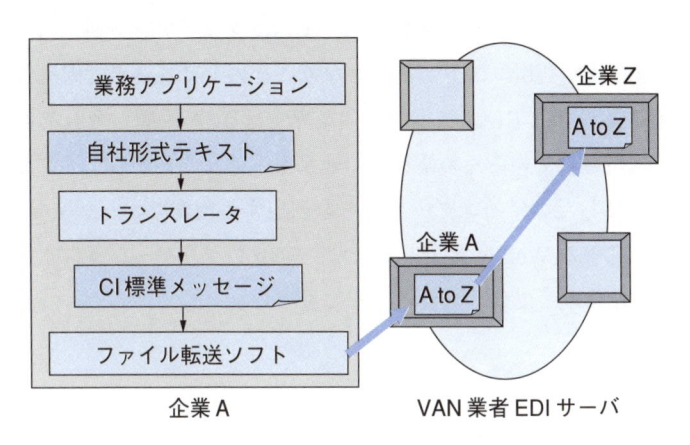

図 10.1　VAN 型 EDI システム

第10章
電子商取引データ交換

① VAN業者と契約した企業は，他の企業に送信するデータを社内の業務アプリケーションから自社形式のテキストファイルで取り出し，トランスレータでCII標準仕様の標準メッセージに変換してからファイル転送ソフトでVAN業者のEDIサーバにある送信ボックスにアップロード転送する．

② EDIサーバは，送信ボックスから標準メッセージを取り出して宛先企業の受信ボックスに配信する．

③ 宛先企業は送信企業からの標準メッセージをファイル転送ソフトでダウンロード転送し，トランスレータで自社形式のテキストファイルに変換して社内の業務アプリケーションへ入力して処理する．

④ 以上の作業がバッチプログラムにより自動処理される．

このVAN型EDI方式は，インターネットが出現する1990年代半ばまで多くの企業で利用されていたが，専用線利用，また，クライアント端末に専用ソフトが必要なためVAN利用コストが割高となり，その上に各業界で固有な専用プロトコル（製造業界ではEIAJ標準，流通業界ではJCA手順，金融業界では全銀協手順）で運用されているため業界間の連携も困難なことから，インターネットの普及とともにしだいにインターネットを利用する割安でオープンなWebアプリケーションによるWeb型EDI，または，WebアプリケーションサービスによるASP型EDIに取って代わられるようになった．

Electric Data Interchange

Section 3　Web 型 EDI

　Web 型 EDI は，発注企業は受発注業務処理を行う Web アプリケーションを Web サーバに導入して，HTML または XML 形式の発注メッセージを Web サーバに登録し，他方，受注企業は Web サーバにアクセスしてブラウザで閲覧し，画面上で必要な情報を入力するビジネスデータ交換システムである．

　Web 画面上で入力操作する方法のほか，HTML または XML 形式の発注ファイルをダウンロード受信およびアップロード送信することもできる．

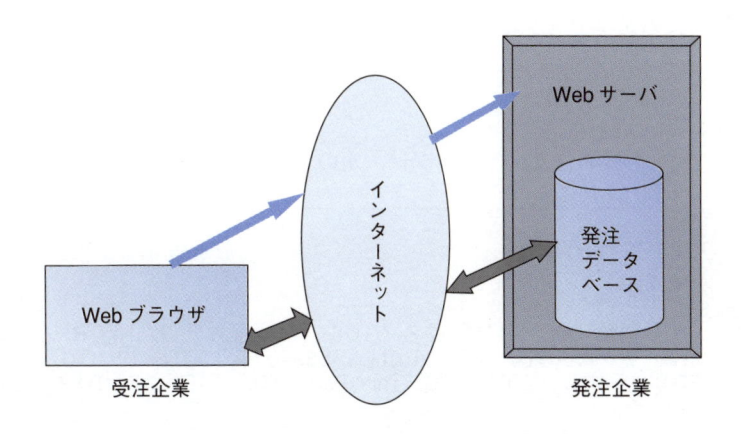

図 10.2　Web 型 EDI システム

　HTML 形式の Web 型 EDI（HTML-EDI）の場合は，Web 画面の入力操作やファイルの送受信操作を自動化することができないが，XML 形式の Web 型 EDI（XML-EDI）の場合は，XML では判別可能なデータ構造の記述が可能であることから，これらの操作を自動化することができる．

　テレビとパーソナルコンピュータを注文する場合を例に取り，注文メッセージを比較してみよう．

第10章 電子商取引データ交換

① XML形式の注文メッセージは，次のように表される．

```
〈?xml version = "1.0" encoding = "Shift_JIS"?〉
〈注文〉〈商品〉
            〈種類〉テレビ〈/種類〉
            〈品名〉ToshibaBS39〈/品名〉
            〈個数〉10〈/個数〉
       〈/商品〉
       〈商品〉
            〈種類〉パソコン〈/種類〉
            〈品名〉ThinkPad〈/品名〉
            〈個数〉20〈/個数〉
       〈/商品〉
〈/注文〉
```

図10.3　XML形式の注文メッセージ

XML形式のメッセージは，データの羅列ではなく，データの階層構造を記述することができ，タグでデータの意味が判別できるので，自動処理が可能である．

② HTML形式の注文メッセージは，次のように表される．

```
〈HTML〉
〈BODY〉
〈H1〉注文〈/H1〉
〈TABLE〉
〈TR〉〈TD〉種類〈/TD〉〈TD〉品名〈/TD〉〈TD〉個数〈/TD〉〈/TR〉
〈TR〉〈TD〉テレビ〈/TD〉〈TD〉ToshibaBS39〈/TD〉〈TD〉10〈/TD〉〈/TR〉
〈TR〉〈TD〉パソコン〈/TD〉〈TD〉ThinkPad〈/TD〉〈TD〉20〈/TD〉〈/TR〉
〈/TABLE〉
〈/BODY〉
〈/HTML〉
```

図10.4　HTML形式の注文メッセージ

HTML形式のメッセージは，タグが所定の書式用のものに限られるので，データの意味を表すメタデータがデータと混在することになり，特別のデータ変換用トランスレータを個別に準備しない限り自動処理は不可能である．

最近では，個々の発注企業のWebサーバにアクセスするのではなく，多くの発注企業の受注業務を代行するプロバイダー（ASP：Application Service Provider）のWebサーバにアクセスするASP型EDIの利用が増えている．

コラム　CII 標準 XML メッセージ

　日本の業界 EDI 基準には，CII 標準と CII 標準 XML がある．CII 標準メッセージは，TFD（Transfer Form Data）と呼ばれる項目レコード（項目タグ，データ長，項目データ）の可変長レコードで表される．CII 標準 XML メッセージは，XML 構文（〈項目名〉項目データ〈/項目名〉）の自由形式で表される．

　項目タグ，項目名などのデータ属性は，各業界で業界のビジネスプロトコルとして標準が決められていて，BPID（ビジネスプロトコル ID）で識別される．

例：EIAJ：電子機械業界，HWSW：小型コンピュータ業界，JAMA：自動車業界

　見積や注文などのビジネス文書の種類は，「情報区分コード」の項目名で指定される．

例：商品情報：0110，見積依頼：0301，予約注文情報：0210，納期照会：2510

[データ属性のビジネスプロトコル] の例

項目タグ	項目名	属性	項目タグ	項目名	属性
00002	情報区分コード	X (4)	00013	単価	N (12) V2
00004	発注者コード	X (12)	00024	品名コード	X (13)
00005	受注者コード	X (12)	45108	注文数量	N (10) V1

[CII 標準 XML メッセージ] の例

```
<?xml version="1.0" encoding="Shift_JIS" ?>
<CII-MSG BPID="HWSW" BPIDSUB="00" BPIDVER="1A" MSGID="0110" MAPVER="1.1-2B"
 DATETIME="20060401T202530">
<!-- 小型コンピュータ業界 商品情報 -->
<JPTRM SEQ="1">
< データ処理番号 >00001</データ処理番号 ><情報区分コード >0110</情報区分コード >
< データ作成日 >19990602</データ作成日 ><データ作成時間 >171539</データ作成時間 >
< 発注者コード >506022000001</発注者コード >
< 受注者コード >506022000002</受注者コード >
<EDI 受注コード >1</EDI 受注コード ><JAN コード >4900000000000</JAN コード >
< 製品名-全角-> パソコン </製品名-全角->
< 正式名称-全角-> パーソナルコンピュータ </正式名称-全角->
< 受注者製品コード >JIPDEC-abc-4567</受注者製品コード >
<JPM MN="1"><JPMR MN="1">< 対応 OS>WindowsXP</対応 OS> </JPMR>
<JPMR MN="1">< 対応 OS>UNIX</対応 OS> </JPMR></JPM>
< オープンプライス区分 >0</オープンプライス区分 >< 通貨単位 >0</通貨単位 >
< 単価 >298000.025</単価 >< 消費税区分 >1</消費税区分 > </JPTRM>
</CII-MSG>
```

Electric Data Interchange

Section 4 ebXML

　ebXML（electronic business using XML）は，インターネット上で，グローバルな電子商取引市場において，統一標準（XMLとサービスをベースとするビジネスプロトコル）で世界中の企業とビジネスプロセスの連携を図り，電子文書を交換する電子ビジネスの仕組みである．

　Webサービスでは，業務システム間のビジネスプロセスの連携が主目的であるのに対して，ebXMLでは，業務システム間の連携と同時に電子ビジネス文書の交換をも行うものである．したがって，ebXMLは，Webサービスを拡張して，電子ビジネス文書（XMLデータやバイナリデータ）を添付する機能を備えている．

　ebXMLメッセージの仕様は，次のようである．

```
通信プロトコルエンベロープ（HTTP）
  MIMEエンベロープ（アタッチメント付きSOAP）
    MIMEパート
      SOAPエンベロープ
        SOAPヘッダ
        SOAPボディ
    MIMEパート
      ペイロード
    MIMEパート
      ペイロード
```

図10.5　ebXMLメッセージの仕様

10-4 ebXML

　ebXMLメッセージは，通信プロトコルを指定する通信プロトコルエンベロープと通信プロトコルに依存しないMIME/Multipartメッセージエンベロープからなり，MIMEパートは，一つのSOAPメッセージとゼロ以上の添付ファイル（ペイロード）からなる．

　ebXMLメッセージは，SOAPメッセージを拡張したもので，添付機能付きSOAP仕様に基づき，添付機能やディジタル署名など信頼性の高いメッセージ処理機能を有している．

　また，UML言語で記述された業務プロセスをそのまま実行するビジネスプロセス自動化機能を有している．

Electric Data Interchange

Section 5　ebMXL サービスの構成

ebXML サービスは，グローバルな電子商取引市場で B2B 取引に必要なビジネスサービス（CPP）を提供する「パートナー企業」，パートナー企業により登録された CPP を管理する「ebXML レジストリ」，パートナー企業のビジネスサービスを利用する「取引企業」から構成される．

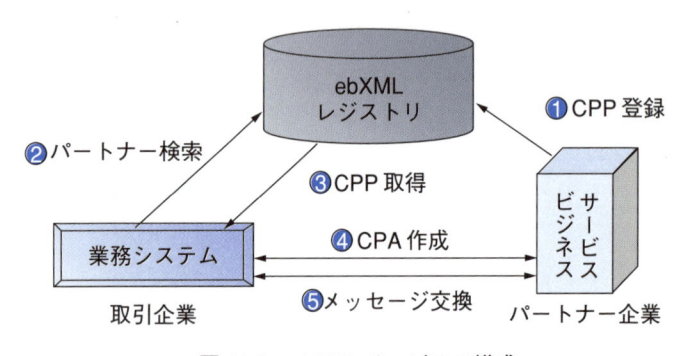

図 10.6　ebXML サービスの構成

ebXML サービスの利用は，次の手順で行われる．

①　電子市場に参加する企業が自社のビジネスサービス内容 CPP（XML 文書）を ebXML レジストリに登録する．

　　CPP（Collaboration-Protocol Profile）は，企業情報，提供するビジネスサービス，メッセージ仕様やセキュリティなど電子情報交換の詳細を XML で記述した文書である．この文書には，コラボレーション情報としてビジネスプロセス連携の仕様 BPS（Business Process Specification）が含まれている．

　　Web サービスの UDDI レジストリが，Web サービスについて記述した WSDL 文書のみであるのに対して，ebXML レジストリには，CPP，CPA，ビジネスコラボレーションに関連する情報が収められている．

② 電子市場で取引をしようとする企業は，ebXML レジストリから必要とするビジネスサービスを検索する．

③ 取引企業は，求めるビジネスサービスが見つかれば，それを提供するパートナー企業の CPP を取得する．

④ 取引企業は，まず，自社の CPA を作成しパートナー企業に送付する．両者は，契約交渉を行い，合意内容（CPA）を取り交わす．
　　CPA（Collaboration-Protocol Agreement）は，ビジネスコラボレーションで合意した個別ビジネス機能（メッセージ仕様や連携のためのシステム仕様，ビジネスプロセス仕様など）を記述した XML 文書である．

⑤ 合意した CPA に基づいて，メッセージ交換を行う．

Electric Data Interchange

Section 6　ebXML サービスと Web サービスの比較

ebXML サービスと Web サービスの違いを，① メッセージ形式，② レジストリ，③ ビジネスプロセス統合，④ システム連携の観点から見てみよう．

表10.1　ebXML サービスと Web サービスの比較

	ebXML サービス	Web サービス
メッセージ形式	添付機能付き SOAP	SOAP
レジストリ	CPP，BPS，CPA	WSDL
プロセス統合	UML	BPEL
業務システム連携	企業間	企業内

ebXML サービスは，すべての企業が B to B 電子商取引において，容易に安全に電子ビジネス文書の交換が行えることを主目的にしているのに対して，Web サービスは，異なる業務システム間のビジネスプロセス統合が行えることを主目的にしている．

Web サービスでは，ビジネス文書の処理に制約があり，また，ディジタル署名機能がないなどセキュリティ面でも信頼性・安全性に難があるが，企業内の業務システム間連携には柔軟性があり，ebXML サービスより効率面で優れている．

システム開発の標準言語 UML で設計・記述された業務プロセスのワークフローは，ebXML サービスではそのまま処理され実行されるが，Web サービスでは，変換ツールで BPEL 言語に翻訳してからでないと実行されない．

理解度クイズ

1. 企業間で行われる電子商取引は [　　　　　]，企業と消費者間で行われる電子商取引は [　　　　　] と呼ばれ，企業間の電子商取引では，ビジネス文書は各業種の [　　　　　] に基づいて電子データの交換が行われる．

2. EDI標準には，国際標準として [　　　　　]，米国標準として [　　　　　]，日本標準として [　　　　　] などがある．

3. ebXMLは，企業間取引に必要なビジネスサービスを提供する [　　　　　]，[　　　　　] により登録されたCPPを管理する [　　　　　]，ビジネスサービスを利用する [　　　　　] から構成される．

4. Web型EDIシステムを図示せよ．

5. ebXMLメッセージの仕様を図示せよ．

【ヒント】 取引企業，B to B，ebXMLレジストリ，EDI標準，
パートナー企業，UN/EDIFACT，CII標準，B to C，ANSI X.12

第10章 電子商取引データ交換

コラム e-文書法

電子商取引の進展につれて電子帳票データの交換が普及したにもかかわらず,依然として紙での帳票保存が税法上では7年間,商法上では10年間義務付けられていて,紙文書の保存に余計な経費を浪費せざるを得なかった.そこで,まず,国税関係の帳簿書類の電子保存を認める「電子帳簿保存法」が制定され施行されるようになった.

正式な名称は「電子計算機を使用して作成する国税関係帳簿書類の保存方法等の特例に関する法律」(1998年7月1日施行)である.

紙やマイクロフィルム(COM)で税法上7年(商法上10年)の保存義務が付されていた国税関係の帳簿や書類が電子データとして保存することができるようになった.ただし,特に重要な文書である決算書類・帳簿や契約書・領収書,手書きで作成された帳簿類や請求書や領収書は依然として紙の書類のままで保存する必要があったが,2004年12月1日に改正され,金額が3万円未満の契約書や領収書は,スキャナによる電子化保存が認められるようになった.税務署に申請された電子データでは,法人税・消費税関係が最も多く,ついで源泉徴収税関係,所得税関係となっている.

また,国税関係の帳簿類の電子保存は電子帳簿保存法で認められたが,国税関係の電子データだけではなく,企業間商取引での電子データ交換で扱われる契約書や受注書,領収書などの商業関係の電子データの保存も認める「e-文書法」が制定され施行されるようになった.正式名は,「民間事業者等が行う書面の保存等における情報通信の技術の利用に関する法律」(2005年4月1日施行)であり,この法律で対応できない規定を整備する法律として,「民間事業者等が行う書面の保存等における情報通信の技術の利用に関する法律の施行に伴う関係法律の整備等に関する法律」がある.

このe-文書法により,原則として,紙の文書は,スキャナによる電子データまたはマイクロフィルム(または,コンピュータ出力のマイクロフィルム)で,もともと電子データの文書はそのままで,電子保存ができるようになった.

電子保存ができるようになった文書類は,税務関係では,契約書,受注書,見積書,納品書,領収書など,会社関係では,会社定款,株主総会議事録,貸借対照表,営業報告書などがある.ただし,税務関係書類のうち,決算書類や帳簿,3万円以上の領収書は依然として除外されている.

e-文書法の施行により,企業間電子商取引における電子データ交換の範囲が広がり進展することになる.

第11章
情報漏えい防止

今日の企業は，インターネットによる世界的な電子市場における電子商取引では電子ビジネス文書の交換，Eメールの送受信により，迅速な業務処理および顧客対応を行っているが，顧客名簿やクレジットカード情報の流出など，そこには企業の信用を失墜させるような情報漏えい・盗難の危険にさらされている．各企業は，社内の機密情報の漏えい防止，社外の不適切なサイトへのアクセス禁止，社外へのEメール送信の制限など情報漏えい防止策を講じている．かかる情報漏えい防止管理を支援するツールがフィルタリングソフトである．

1 情報漏えいとは
2 情報漏えい防止
3 フィルタリングソフトの機能
4 フィルタリングソフトの利用形態
5 フィルタリングの効果
   理解度クイズ

Information Filtering

Section 1 情報漏えいとは

会社からの情報漏えいは，意図的な場合と意図的でない場合から生じる．

① 閲覧漏えい

閲覧権限のない人がファイルを不正に閲覧したり，コピーしたりする．

② 複写漏えい

記録媒体（FD，CD，メモリカードなど）に会社のデータをコピーして不正に持ち出したり，置き忘れたりする．

③ 印刷漏えい

権限のある人が機密書類を印刷してプリンタに置き忘れたりする．

④ メール漏えい

権限のある人が機密情報であることを意識しないで，または中身を確認しないで添付メールで送信する．

⑤ パソコン漏えい

機密情報の入った会社のパソコンを持ち出し，車中に置き忘れたり，盗難にあったりする．

⑥ Web 漏えい

Web ページの掲示板やフォーラムに社内情報を書き込んだり，チャットで機密情報を漏らしたりする．

⑦ 偽本人漏えい

不正にパスワードを入手した人が，本人になりすまして，機密情報を閲覧したり，持ち出したりする．

⑧ 廃棄漏えい

機密書類の廃棄は焼却かシュレッダー切断で行われるが，ディスクそのものが故障して廃棄したり，パソコンを廃棄したり，または修理したりした場合，ディスク内の情報が取り出されて情報漏えいが生じる．

Information Filtering

2 情報漏えい防止

情報漏えいの種類に対応して漏えい防止策が講じられる．

a) ファイルのアクセス制御

ファイルに対するアクセス権（閲覧，更新，コピー，カット＆ペースト，印刷，メール添付など）をユーザ単位，グループ単位で詳細に設定・管理する．

これにより，閲覧・複写・印刷・メール漏えいを防止する．

b) Webページのアクセス制御

Webページに対するアクセス権（接続拒否，入力フォーム・チャット・フォーラムへの書込み禁止など）をユーザ単位，グループ単位で詳細に設定・管理する．

これにより，Webによる漏えいを防止する．

c) Eメールの送信制御

送信メールの内容（宛先，ヘッダ，本文，添付ファイル）を制限条件で検査して送信拒否または保留，添付ファイルを削除して送信などの送信制御を行う．

これにより，メール漏えいを防止する．

d) 不正アクセス監視

ファイルアクセスやWebアクセス，Eメール送受信のログ記録から不正アクセスを監視して情報の漏えいを防止する．

e) 本人認証

どのような情報漏えい防止策が講じられようとも，不正にパスワードを入手して本人になりすました場合は防止のしようがない．そこで，たとえパスワードを盗まれてもそれを再度使おうとすると無効となる「ワンタイムパスワード」（一度限りのパスワード，使い捨てパスワード）が本人認証に利用される．

f) 使用済みデータの完全消去

故障したハードディスクを廃棄する場合，データを完全に消去するか，記録媒体そのものを壊す．同様に，使用済みパソコンの場合も，データを完全に消去してから廃棄する．

Information Filtering

Section 3 フィルタリングソフトの機能

　インターネットによって世界中のWebサイトから自由に情報を得ることができ，また，世界中の人とEメールで交信することができる．家庭では，小学生がポルノや暴力といった児童に好ましくない有害な情報を見たり，会社では，社員が勤務中に携帯やパソコンから業務に関係のないWebページを見たり，Eメールで楽しんだりできる．

　フィルタリングソフトは，WebサイトやWebページへのアクセスを制限したり，Eメールの送受信を制限したり，ふるい（フィルタ）にかけて通さないツールである．フィルタリングソフトは，教育現場から企業や行政の職場まで広く使用されている．

　フィルタリングに関する国際標準規格は，WWWコンソーシアム（W3C）によって，PICS（Platform for Internet Content Selection）として制定されている．

　フィルタリングソフトには，Web用とMail用がある．

[1] Webフィルタリングソフト

Webフィルタリングソフトは，Webによる情報発信に対しては何の制限も行わないで，WebサイトまたはWebページへのアクセス・閲覧を制限（フィルタリング）するソフトである．

Webフィルタリングソフトには，次のような機能がある．

a) URL（Webサイト）フィルタリング

URLフィルタリングは，Webサイトへのアクセスそのものを遮断する．無数にあるWebサイトの中から，アクセスを拒否するWebサイトのURLを「ブラックリスト」に登録しておいて遮断する方法とアクセスを特別に許可するURLを「ホワイトリスト」に登録しておいて遮断しない方法がある．

b) コンテンツ（Webページ）フィルタリング

コンテンツフィルタリングは，Webページ内容を，評価基準として指定された有害なキーワードやフレーズ，画像で照合して遮断する．

c) Web書込フィルタリング

Web書込フィルタリングは，外部に機密情報が送出されるのを防止するため，WebメールやWebページ内のフォーム，掲示板，チャットなどでの書込みを禁止する．

d) ラベルフィルタリング（レイティングフィルタリング）

ラベルフィルタリングは，各Webサイトに付けられた有害程度を表す格付ラベルが許可基準（プロファイル）を満たさないサイトを遮断する．

e) ログ記録解析

ログ記録解析は，通信記録の情報をカテゴリー別ユーザ別にグラフ表示し，Web利用状況を分析して監視する．これにより，不適切なWebサイトへのアクセスの防止や業務外行動の防止に役立つ．

[2] Web サイトのラベル

ラベルは，各 Web サイトに対して付けられた有害程度を表す評価（レイティング）である．ラベルは，カテゴリー（暴力，ヌードなど）別に有害度を付した評価である．

ラベルには，PICS ラベル，セルフラベル，ユーザラベルがある．

① PICS ラベル

PICS ラベルは，PICS 国際基準に準拠して，第三者機関によって格付けされたラベルである．

② セルフラベル

セルフラベルは，Web サイトの情報発信者が自ら格付けしたラベルであり，Web ページの冒頭にメタタグで記述される．

③ ユーザラベル

ユーザラベルは，Web サーバの管理者または利用者が格付けしたラベルである．

[3] RSACi

　RSACi は，第三者機関である RSAC（Recreational Software Advisory Council；娯楽ソフト諮問会議）が作成した PICS 準拠のレイティング基準であり，四つのカテゴリー（暴力，ヌード，セックス，言葉）別に，有害レベルを 5 段階（0～4）で表している．

　RSACi によるラベルフィルタリングツールは，Web ブラウザ（Internet Explorer, Netscape Communicator）に実装され，広く利用されている．

表 11.1　レイティング基準（RSACi）

暴　力	ヌード	セックス	言　葉
0 すべての暴力を制限	0 な　し	0 な　し	0 不快感を与えない俗語
1 闘　争	1 露出的な服装	1 情熱的キス	1 穏やかな悪口
2 殺　害	2 部分的なヌード	2 着衣のままの性的接触	2 悪　口
3 流血を伴う殺人	3 全　裸	3 性的接触の不鮮明な描写	3 性的なジェスチャー
4 残忍で過激な暴力	4 刺激的な全裸	4 性行為の鮮明な描写	4 不快感を与える露骨な表現

　許可基準として，カテゴリー別に，暴力 2，ヌード 3，セックス 2，言葉 2 と設定すると，アクセスしようとする Web サイトのラベルと照合して，指定したレベル以上のラベルがあれば，アクセスは拒否され遮断される．遮断された Web サイトを例外として許可したい場合は，許可リスト（遮断除外リスト）に登録しておくことができる．

[4] Mail フィルタリングソフト

　Mail フィルタリングソフトは，送受信メールのヘッダ・本文・添付ファイルをチェックし，不適切なメールは保留したり，添付ファイルを削除したりするツールである．
　Mail フィルタリングソフトには，次のような機能がある．

a) ポリシーフィルタリング
　フィルタリングポリシー（制限条件）に従い，送受信メールのヘッダ，本文，添付ファイルをチェックし，設定したキーワードが含まれるメールを保留したり，管理者に通知したり，添付ファイルを削除したりする．

b) 配送フィルタリング
　情報漏えい防止のため，指定されたドメイン（競争相手会社など）へのメールを保留したり，アドレスやメールサイズを条件に配送を制限したりする．

c) スパム・ウイルスフィルタリング
　スパムメールやマスメール，ウイルス感染メールを検出し排除・駆除する．

d) メール保存・ログ情報解析
　情報漏えいの事後対策のため，外部への送信メールの本文・添付ファイルを保存し，また，発信・受信ログを保存し，保存ログ情報から，送受信メールの件数やアドレス・ドメイン別統計解析をする．これにより，不適切なメールの送受信を監視し，情報漏えい防止や私用メールの防止に役立つ．

Information Filtering

4 フィルタリングソフトの利用形態

フィルタリングソフトの利用形態は，企業においては，一般に，Web 用フィルタリングソフトはプロキシーサーバで，Mail フィルタリングソフトは SMTP ゲートウェイで管理され，家庭または個人においては，主として，個人のパソコンで管理される．

[1] Web フィルタリングの利用形態

Web フィルタリングの利用形態には，フィルタリングソフトの実装サイトおよび許可判定のサイトにより，端末型，プロキシーサーバ型，ゲートウェイサーバ型のシステム構成がある．

a) 端末型 Web フィルタリング

端末型 Web フィルタリングは，利用者端末にフィルタリングソフトを実装し，許可判定基準（プロファイル）およびホワイトリストを作成して，ラベルビューロー（ラベル値を提供する機関）にラベル値を問い合わせ，照合して許可判定を行う．Web ブラウザには PICS に対応したフィルタリング機能が組み込まれている．

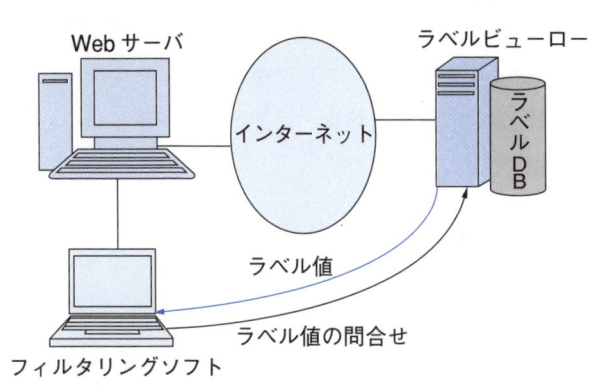

図 11.1 端末型 Web フィルタリング

b）プロキシーサーバ型（ゲートウェイ型）Web フィルタリング

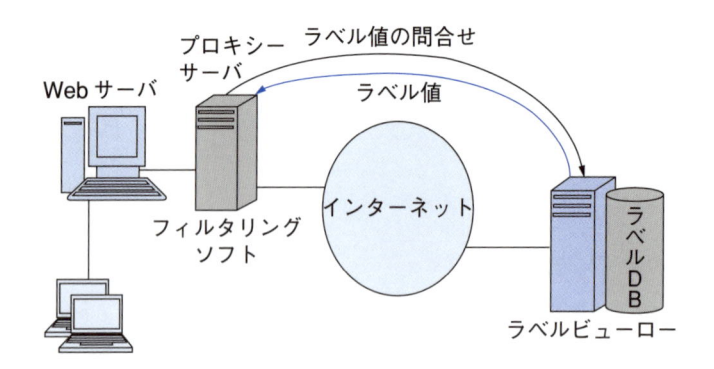

　プロキシーサーバ型 Web フィルタリングは，社外のインターネットと社内のイントラネットを分離するプロキシーサーバ（ファイアウォール）にフィルタリングソフトを実装し，許可判定基準（プロファイル）およびホワイトリストを作成して，ラベルビューロー（ラベル値を提供する機関）にラベル値を問合せ，照合して許可判定を行い，Web サーバに転送する．Web サーバを利用する社内端末にはフィルタリングソフトを実装する必要はない．

　ほかのサーバに対してフィルタリング判定をするソフトまたは装置はゲートウェイと呼ばれることから，プロキシーサーバ型はゲートウェイ型ともいわれている．

図 11.2　プロキシーサーバ型 Web フィルタリング

　プロファイル（許可判定基準）の作成は，新規に一から作成するのではなく，通常，標準プロファイルを提供するプロファイルビューローからプロファイルをダウンロードして，自社に適した修正・追加・削除が施される．

c) ゲートウェイサーバ型 Web フィルタリング

ゲートウェイサーバ型 Web フィルタリングは，プロキシーサーバは中継するだけで，フィルタリング判定をほかの機関に依頼し，その結果に基づいて，プロキシーサーバは Web サーバに転送する．

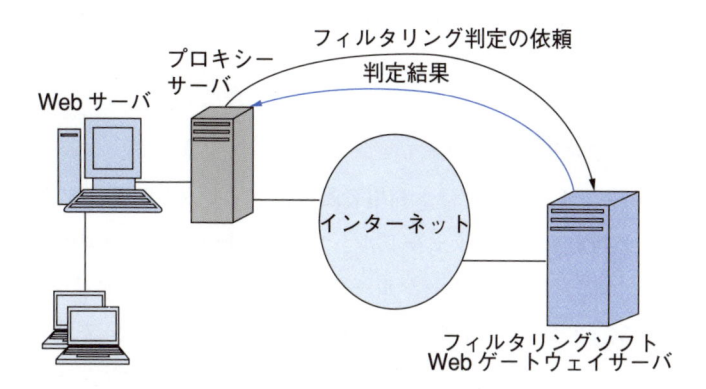

図 11.3　ゲートウェイサーバ型 Web フィルタリング

フィルタリング判定サービスを提供する機関は，Web ゲートウェイサービスプロバイダーと呼ばれる．

第11章 情報漏えい防止

[2] Mail フィルタリングの利用形態

Mail フィルタリングの利用形態には，フィルタリングソフトの実装場所および許可判定のサイトにより，端末型，ゲートウェイ型，ゲートウェイサーバ型のシステム構成がある．

a) 端末型 Mail フィルタリング

端末型 Mail フィルタリングは，利用者端末にフィルタリングソフトを実装し，フィルタリング判定基準（メッセージルール）を作成してメールの受信を制限する．Web ブラウザには，メッセージルールによる標準的フィルタリング機能が組み込まれている．ウイルス対策やスパムメール駆除には，専用ソフトを実装する．

b) ゲートウェイ型 Mail フィルタリング

ゲートウェイ型 Mail フィルタリングは，メールサーバまたは SMTP ゲートウェイにフィルタリングソフトを実装し，フィルタリング基準（ポリシー）を作成して，送受信メールをスキャンすることにより有害判定を行い，有害メールは措置を施して，メールの送受信を実行する．

有害メールの措置として，ウイルス対策やスパムメール駆除が行われる．

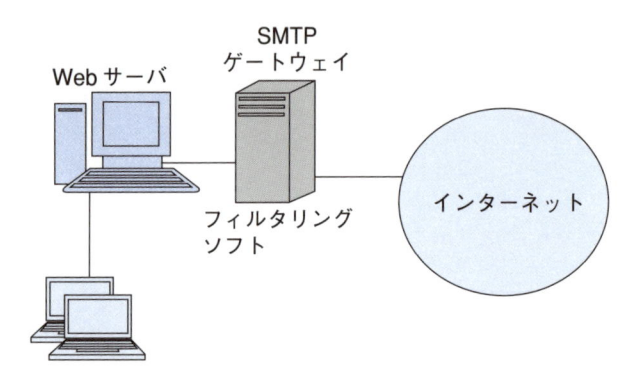

図 11.4　ゲートウェイ型 Mail フィルタリング

11-4 フィルタリングソフトの利用形態

c）ゲートウェイサーバ型 Mail フィルタリング

ゲートウェイサーバ型 Mail フィルタリングは，メールサーバは中継または許可基準と比較するだけで，フィルタリング判定または有害度は他の機関に依頼し，その結果に基づいて，メールサーバはメールの送受信を実行する．

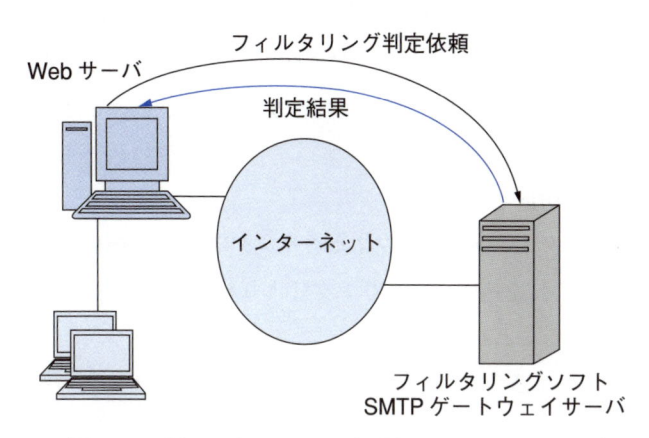

図 11.5　ゲートウェイサービス型 Mail フィルタリング

フィルタリング判定サービスまたは有害度を提供する機関は，SMTP ゲートウェイサービスプロバイダーと呼ばれる．

インターネットサービスプロバイダーが企業向け，個人向けにメールゲートウェイサービス（主として，ウイルス駆除，スパム・マスメール削除，スパイウェア駆除など）を行っている．

コラム　MIME
(Multipurpose Internet Mail Extension)

E メールの SMTP プロトコルはアスキー文字のテキストしか扱えないので，日本語ワープロ文書や添付ファイルなどはバイナリデータをテキストデータに変換して転送する国際標準規格．変換には，6 ビットに対して，アスキー文字 64 字（A～Z, a～z, 0～9, ＋, /）を割り当てる BASE64 エンコードが用いられる．その結果，もとの 3 バイト（24 ビット）が 4 バイト（32 ビット）に変換される．

Information Filtering

Section 5 フィルタリングの効果

　フィルタリングの効果は，フィルタリングソフトがカバーする機能により，一次的効果として情報漏えい防止，有害情報防止があり，二次的効果として，帯域混雑防止，労働生産性低下防止，訴訟防止・対応がある．

① 情報漏えい防止

　ポリシーフィルタリング・配送フィルタリングにより不適切な内容のメールを制限し，また，Web書込フィルタリングにより社内情報の流出を遮断して，情報漏えいを防止することができる．

　また，Webアクセスのログ解析や送受信メールの保管・ログ情報解析により，情報漏えいや不正取引に対応することができる．

② 有害情報防止

　スパム・ウイルスフィルタリングにより，迷惑メールを排除し，情報を破壊するウイルスを駆除して迷惑感染を防止することができる．

③ 通信帯域混雑防止

　URLフィルタリング・コンテンツフィルタリング，配送フィルタリングにより業務と無関係な情報（音楽・画像，映像）の送受信を防止することにより通信帯域の混雑を防止することができる．

④ 生産性低下防止

　業務と無関係なメールの送受信や娯楽Webサイトへの閲覧を遮断することにより，就業時間内の業務効率が向上し生産性低下を防止することができる．

⑤ 中傷防止

　Web書込フィルタリングにより，Web上での中傷の書込みを防止することができ，その結果，セクハラや名誉毀損による訴訟を未然に防止することができる．

理解度クイズ

1. フィルタリングソフトの利用形態は，企業においては，一般に，Web用フィルタリングソフトは _____ で，Mail用フィルタリングソフトは _____ で管理され，家庭または個人においては，主として， _____ で管理される．

2. URLフィルタリングには，アクセスを拒否するWebサイトのURLを _____ リストに登録しておいて遮断する方法とアクセスを特別に許可するURLを _____ リストに登録しておいて遮断しない方法がある．

3. 端末型Mailフィルタリングは，利用者端末に _____ を実装し，_____ を作成してメールの _____ を制限する．

4. 情報漏えいのルートを八つあげよ．

5. フィルタリングの効果を五つあげよ．

【ヒント】 メッセージルール，受信，ホワイト，フィルタリングソフト，
パソコン，ブラック，送信，プロキシーサーバ，
SMTPゲートウェイ

第11章 情報漏えい防止

コラム　協調フィルタリング（Collaborative Filtering）

　情報フィルタリングには，好ましくない情報や機密情報を遮断する場合と好ましい情報は許可したり，あるいは積極的に推薦したりする場合とがある．本文で述べたMailフィルタリングやWebフィルタリングは情報を遮断する場合であったが，協調フィルタリングは好ましいと思われる情報を積極的に消費者に推奨するものである．

　協調フィルタリングは，多数の人のWebサイトへのアクセス情報や商品の購入履歴・評価などから，類似の嗜好傾向を有するユーザに対して商品の推奨，情報提供などを積極的に行うものであり，One to Oneマーケティングで多く用いられている．

　例えば，鈴木，佐藤，小林，田中，高橋さんが商品A，B，C，D，Eに対して次のような5段階評価をしたとする（？は購入歴がない）．

	商品A	商品B	商品C	商品D	商品E
鈴　木	5	4	?	2	2
佐　藤	?	2	3	4	?
小　林	3	1	5	?	3
田　中	?	4	4	2	1
高　橋	3	2	3	4	5

　購入歴の評価表から，嗜好傾向が類似しているのは，鈴木・田中，佐藤・高橋，小林の三つの組に分かれることがわかる．ちなみに，類似の度合いは統計的には相関係数で表され，1に近いほど類似，−1に近いほど正反対，0に近いほど無関係を意味する．

　類似の嗜好を有する高橋さんの評価から，佐藤さんにはEを薦め，また鈴木さんの評価から，田中さんにはAを薦めるのがよいことがわかる．

第12章
情報セキュリティ

今日の企業は，インターネットによる世界的な電子商取引において，電子ビジネス文書の交換を行っているが，交換される電子ビジネス文書の安全性が保証されなければならない．電子商取引では，取引相手の顔も見えないから，本人になりすまし，あるいは偽名で，偽のビジネス文書で取引をしようとしているかもしれない．電子ビジネス文書の安全性を保証する情報技術基盤が情報セキュリティである．

1 情報セキュリティとは
2 ワンタイムパスワード
3 暗号化
4 PKI
5 電子署名
6 電子証明書
　理解度クイズ

Information Security

Section 1 情報セキュリティとは

　情報セキュリティは，ネットワークにおける情報通信において，送信者のユーザ認証，電子文書の盗み見・改ざんの防止，電子文書の自筆・真正確認，電子文書作成者の本人確認を行う．インターネットでは，SSL（Secure Sockets Layer）というセキュリティ技術が用いられている．

a）送信者のユーザ認証

　電子文書の送信者と作成者が異なる場合，送信者は電子文書を送信する前にその内容を見たり，変更したりすることができる．送信者が閲覧・変更の権限のある本人であるならば問題ないが，権限のない人が何らかの方法で不正にパスワードを取得してログインしている場合，生体認証でない限り，パスワード認証では正当な利用者を確認することはできない．防止対策としては，生体（指紋，手のひら，顔面，網膜，虹彩）による認証方法，またはパスワードを盗まれてもすぐに無効となるワンタイムパスワード（使い捨てパスワード）による認証方法がある．

b）電子文書の盗み見・改ざんの防止

　電子文書は，送信途中で盗難，誤配，盗み見，改ざんなどの被害にあう可能性がある．防止対策としては，電子文書を暗号文にして送る暗号化法がある．

c）電子文書の自筆・真正確認

　電子文書が贋物であったり，内容の一部が書き換えられていたりする可能性がある．防止対策として，手書き文の場合，作成者が署名捺印をして本物であることを証明するが，電子文書の場合は，電子署名を用いる．

d）電子文書作成者の本人確認

　電子署名は，電子文書の作成者が本人の自筆であることを示す署名であるが，署名した人が作成者の名前をかたりなりすましている可能性がある．電子署名が本物であることを証明するには，手書き文書ならば捺印の正当性を証明する印鑑証明書でよいが，電子署名の場合は，防止対策として，作成者本人の署名であることを証明する電子証明書（公開鍵所有者の証明）を認証局から発行してもらう．

Information Security

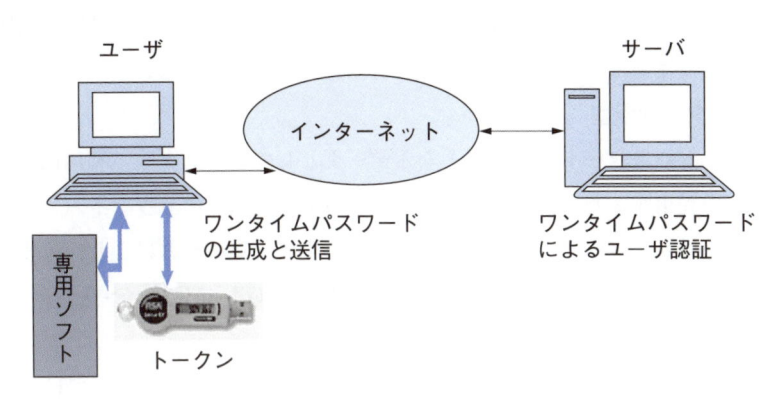

Section 2 ワンタイムパスワード

　ワンタイムパスワード（One Time Password）は，ユーザ ID とパスワードによるユーザ認証において用いられる 1 回限りのパスワード（使い捨てパスワード）である．ワンタイムパスワードは一度だけ有効なパスワードであるから，仮に盗まれても悪用することができない．

　ワンタイムパスワードの仕組みは，ユーザがサーバに一方的にパスワードを送信するのではなく，サーバとユーザが相互に確認情報を交換し，ユーザはこの情報をもとにワンタイムパスワードを生成してサーバに送信する．

　まず，ユーザはユーザ ID のみを入力する．次に，サーバはユーザに対して，ワンタイムパスワードを生成するための情報（乱数，または，利用カウンタ，現在時刻）を送り，ユーザはこの情報と自分の個人暗証番号からワンタイムパスワードを生成してサーバに送る．最後に，サーバはワンタイムパスワードを解析してユーザ認証を行う．

図 12.1　ワンタイムパスワードの仕組み

ワンタイムパスワードの生成形態には,次のようなものがある.

a) チャレンジ・レスポンス型

サーバはユーザ ID を受け取ると,ワンタイムパスワード生成の種となる乱数(チャレンジ)をユーザに送る.ユーザは,専用ソフトを利用して,このチャレンジと個人暗証番号(パスフレーズ)からワンタイムパスワード(レスポンス)を生成し,サーバへ送る.

チャレンジ・レスポンス型ワンタイムパスワードは,E メールのパスワードを暗号化して送信する APOP で利用されている.パスワードを暗号化しないで送る POP では,通信中に盗聴される危険性がある.

b) 時間同期型

ワンタイムパスワード生成の種となるデータとして現在時刻を利用し,そのため,ユーザのトークン(または専用ソフト)と時刻合せ(時間同期)をする.トークンは,その内部にある生成プログラムにより,時刻と PIN(Personal Identification Number;個人 ID 暗証番号)からワンタイムパスワードを自動的に生成してサーバへ送る.

時刻データは 1 分単位に更新されるので,ワンタイムパスワードは 1 回限りの使い捨てではあるが,正確には,その有効期間は 1 分である.

c) カウンター同期型

ワンタイムパスワード生成の種となるデータとしてカウンター(利用回数,生成回数)を利用するため,サーバとユーザ双方で生成回数のカウント(カウンター同期)をする.トークンは,その内部にある生成プログラムにより,カウンター値と PIN からワンタイムパスワードを自動的に生成してサーバへ送る.

USB タイプのトークン(Token;ワンタイムパスワード生成器)では,サーバと交信し,自動的にワンタイムパスワードを生成し,暗号化してサーバに送信するようになっている.最近では,企業だけではなく,オンライン株式売買をする家庭にも普及しつつある.

Information Security

3 暗号化

　電子商取引におけるユーザ認証や盗聴防止，電子署名，電子証明書などに対するセキュリティ技術として暗号化技術が用いられている．

　例えば，インターネットでのオンラインショッピングなどでは，SSL（Secure Sockets Layer）という暗号化技術により，取引情報（個人情報，注文・クレジット情報など）の盗聴・改ざんを防止している．

　電子商取引に関係のない普通の Web ページでは，Web ブラウザのアドレス欄（URL）には「http://…」と表示されるが，オンラインショッピングの注文ページなどでは，SSL によりセキュリティ保護された Web ページとなり，s の付いた「https://…」と表示され，下部のステータスバーには鍵マークが表示される．

　また，鍵マークにマウスポインターを乗せると，「SSL 保護付き（128 ビット）」の注が表示される．

第12章 情報セキュリティ

[1] 暗号通信の仕組み

　暗号通信は，電子文書（平文）を暗号化鍵により暗号化して暗号文に変換して送信し，受信者は暗号文を復号化鍵により復号化して平文に復元する．

　暗号化鍵は平文（ひらぶん）を暗号文に変える鍵であり，復号化鍵は暗号文を平文に戻す鍵である．ちなみに，復号化鍵を用いないで暗号文を平文に変換することを解読という．

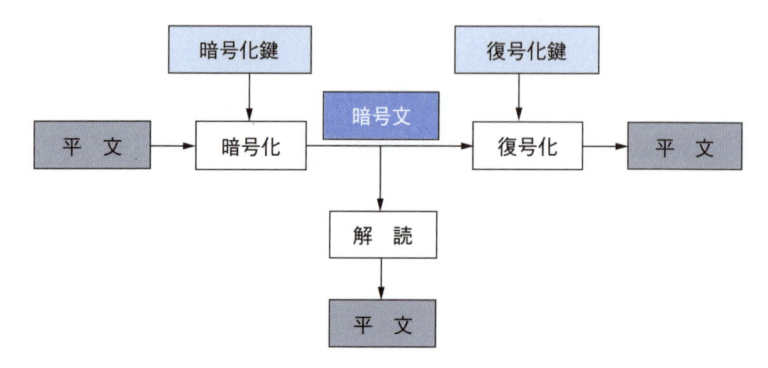

図 12.2　暗号通信の仕組み

[2] 暗号方式

暗号方式には，共通鍵方式と公開鍵方式，混合鍵方式がある．

a）共通鍵暗号方式

共通鍵暗号方式は，暗号化と復号化に同じ鍵を使う方式である．送信者と受信者の双方が同一の鍵をもつ必要があり，取引相手の数だけ，異なる鍵をもつことになる．

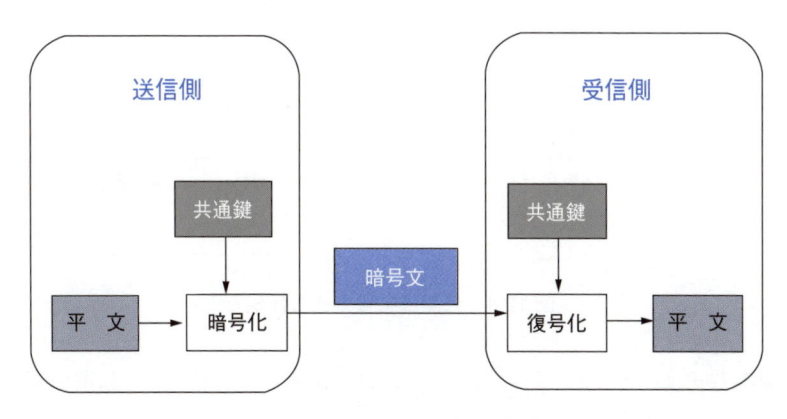

図 12.3　共通鍵暗号方式の仕組み

共通鍵（common key）には，AES（256 ビット長），3DES（256 ビット長× 3），RC4 などがあり，それぞれの暗号アルゴリスムにより計算される．

共通鍵暗号方式の長所は，暗号計算が速いことであり，短所は，取引相手に対して異なる鍵が必要であることである．

b）公開鍵暗号方式

公開鍵暗号方式は，暗号化と復号化に異なる鍵を使う方式である．送信者は一対の鍵をもち，鍵の一つを公開鍵（public key）として受信者に公開し，もう一つの鍵は非公開にして自分専用の秘密鍵（private key）として秘密にしておく．一対の鍵は，両方とも，暗号化にも復号化にも使われ，一つの鍵で暗号化した場合は，もう一つの鍵で復号化する．

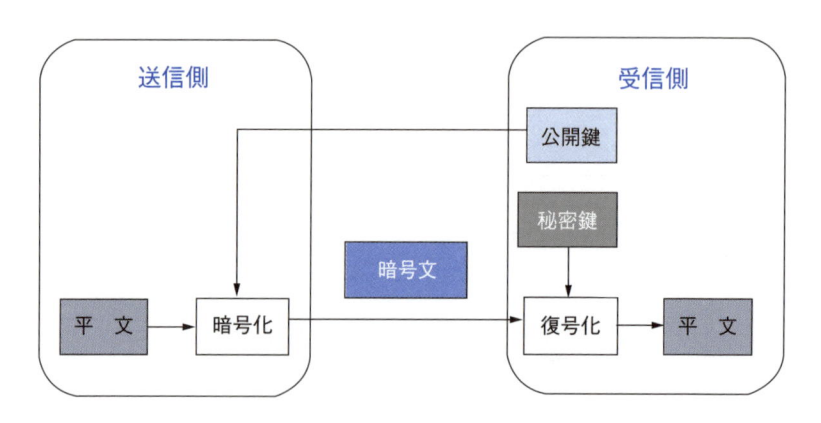

図 12.4　公開鍵暗号方式の仕組み

公開鍵方式は，各人が一対の鍵をもつだけで済み，共通鍵のように取引相手の数だけ鍵をもつ必要がなくなる．

公開鍵暗号方式は，発案した 3 人の頭文字をとって RSA 方式（Rivest, Shamir, Adleman scheme）とも呼ばれている．

公開鍵には，RSA（1 024 ビット長），DSA などがあり，それぞれの暗号アルゴリズムにより計算される．

公開鍵暗号方式の長所は，一対の鍵の保有で済むことであり，短所は，暗号計算に時間が掛かることである．

c）混合鍵暗号方式（ハイブリッド暗号方式）

混合鍵暗号方式は，共通鍵方式の長所（暗号計算が速い）と公開鍵方式の長所（一対の鍵で済む）を利用する混合方式である．

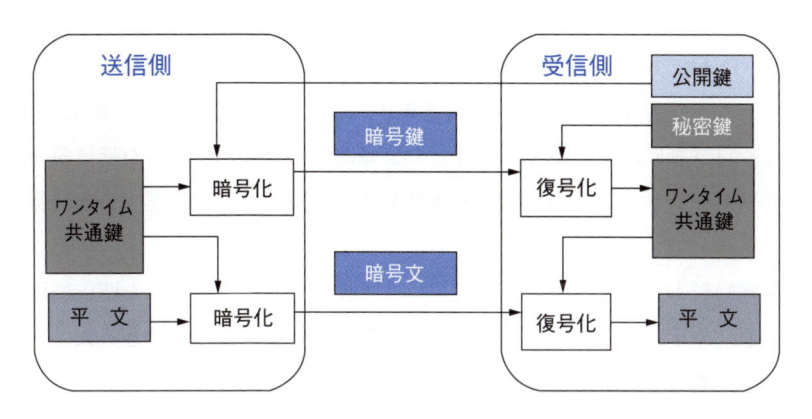

図 12.5　混合鍵暗号方式の仕組み

混合鍵暗号通信の仕組みは，送信者は，取引の度に，ワンタイム共通鍵を生成し，その鍵で平文を暗号化し，ワンタイム共通鍵は相手の公開鍵で暗号化して，暗号文と暗号化されたワンタイム共通鍵を相手に送信する．受信者は自分の秘密鍵でワンタイム共通鍵を取り出し，その共通鍵で暗号文を復元する．

> **コラム　インターネット（WWW）の暗号化**
>
> SSL（Secure Sockets Layer）は，Netscape 社が提唱したトランスポート層（TCP レベル）での暗号化通信手順であり，バージョン 3.0 に若干の改良を加えられ，正式名称も TLS（Transport Layer Security）となっているが，一般的には，従来どおり SSL と呼ばれている．SSL は，混合鍵暗号方式（RC 共通鍵，RSA 公開鍵）であり，サーバ認証は電子証明書をクライアントに配布して認証を行い，クライアント認証はオプションで，通常はユーザ ID とパスワードで行われる．アプリケーション層（HTTP，SMTP，FTP など）からは，下位のトランスポート層の SSL を使用した暗号化通信ができる．

Information Security

4 PKI

　PKI（Public Key Infrastructure；公開鍵基盤）は，公開鍵暗号方式を利用したセキュリティに関する基盤の総称であり，盗み見を防止する公開鍵暗号技術，改ざんや自筆を確認する電子署名などの公開鍵暗号方式を利用した通信技術およびアプリケーション，さらに本人確認を証明する認証局と電子証明書を発行する仕組みを指している．

　公開鍵暗号方式による暗号通信は，ユーザ認証や盗み見・改ざん防止に用いられる．通信相手の公開鍵で暗号化すれば，その暗号文を復号化できる人は，公開鍵とペアである秘密鍵をもっている人に限られる．したがって，秘密鍵をもたない他の人が暗号文を手に入れても復号化して内容を盗み見することはできない．

　また，公開鍵暗号方式による暗号通信は，送信文の作成が送信者であることの証明としても利用することができる．送信者が自分の秘密鍵で暗号化すれば，その暗号文を復号化できるのは，送信者の公開鍵に限られる．したがって，送信者からの暗号文のみを送信者の公開鍵で復元することができ，送信者以外の人からの暗号文は送信者の公開鍵で復元することはできないことから，送信者の暗号文であることが証明される．この場合，送信者の公開鍵をもっている人なら誰でも送信者の暗号文を復元し内容を見ることができる．

　PKIには信頼できる認証局と認証局により発行される電子証明書（ディジタル証明書）が不可欠である．電子証明書は，公開鍵の所有者および有効期限などを証明するものである．

　公開鍵暗号方式は，SSLやTLS（Transport Layer Security），S/MIMEなどインターネットの暗号通信に利用され，その通信技術を用いているWebサーバやブラウザ，Eメールソフトなどに幅広く利用されている．

Information Security

Section 5　電子署名

　電子署名は，電子文書を作成した人を確認するための作成者の署名である．電子文書（平文）から文書内容を識別する短文を生成して電子署名とする．平文全体を電子署名とするのは，暗号処理に時間が掛かり非効率であるので，16文字または20文字の短文を生成して電子署名に利用される．

　手書き文の場合，ページとページの間に割り印をし，作成者が署名捺印をするのに対して，電子文書では，文書内容を識別する短文が作成者の電子署名に，作成者の公開鍵が捺印に該当する．

　電子署名の仕組みは，次のような順序で行われる．

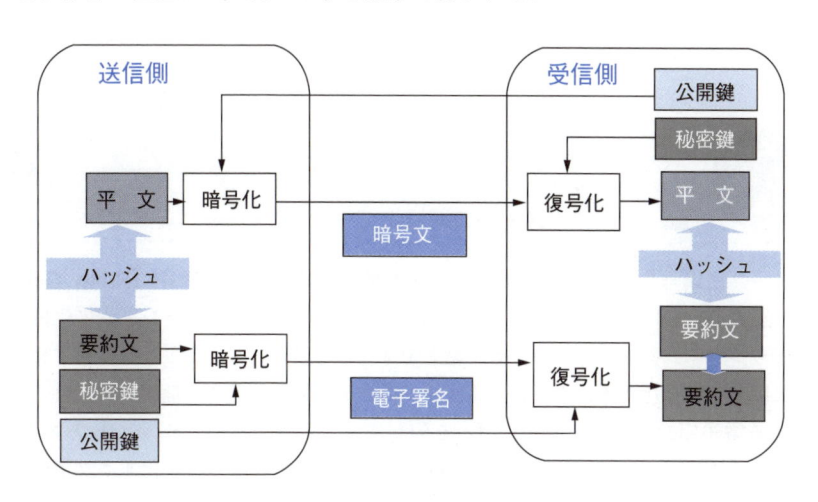

図12.6　電子署名の仕組み

① 送信者は，送信する平文から，ハッシュ関数（hash function）を用いて，短文（要約文，検査符号文，メッセージダイジェスト）を生成する．
　代表的なハッシュ関数としては，128ビット長の短文を生成するMD5，160ビット長の短文を生成するSHA1などがある．

第12章 情報セキュリティ

② 平文は相手の公開鍵で暗号化し，要約文は送信者の秘密鍵で暗号化して，平文と要約文の二つの暗号文を相手に送る．

③ 受信者は，平文の暗号文から自分の秘密鍵で平文を取り出し，要約文の暗号文から送信者の公開鍵で要約文を取り出す．

次に，受信した平文から，送信者と同じハッシュ関数を用いて，要約文を生成し，受信した要約文と照合する．

照合が一致すれば，受信した平文は送信者が作成したものであり，内容も同一であることが証明されたことになる．

つまり，受信した要約文は，送信者の公開鍵で復号化されたものであるから，送信者によって作成されたものであることが証明され，また，受信した平文から生成された要約文が受信した要約文と同一であることから，送信された平文と受信した平文の内容が同一であることが証明されたことになる．

コラム　メールの暗号化

メールの暗号化には，PGP方式とS/MIME方式とがある．PGP（Pretty Good Privacy）方式は，混合鍵暗号化方式である．メール送信時に，ランダムに生成されるワンタイム共通鍵「セッション鍵」でメールを暗号化し，セッション鍵は相手の公開鍵で暗号化する．さらに，本人確認のための電子署名や公開鍵の有効性を証明する電子指紋（key fingerprint）を同封することができる．S/MIME方式は，RSA公開鍵暗号方式である．相手の公開鍵を用いてメールを暗号化する．電子署名や公開鍵の所有者を証明する認証局による電子証明書（ディジタルID）を同封することができる．

両方式の違いは，認証局の有無にある．PGP方式では，公開鍵サーバ（無料）に公開鍵と公開鍵の電子指紋を自主的に登録するが電子証明書の発行は行われないのに対して，S/MIME方式では，公開鍵はすべて認証局(有料)によって管理され，電子証明書の発行が行われる．S/MIMEに対応したメールソフトで受信すれば，電子署名の検証，電子証明書の確認は自動的に行われる．

Information Security

6 電子証明書

　電子署名は電子文書の送信者がその内容は自分が書いたことに間違いありませんという署名と捺印を意味する．電子文書の内容を識別するメッセージダイジェストは，送信する電子文書の内容が送信者の書いた内容に間違いないことを証明する署名に該当し，電子署名によって証明される．

　他方，送信者の公開鍵は，送信者本人を確認する捺印に該当するが，それは送信者が自分の公開鍵であると主張しているだけであり，送信者の公開鍵の真の所有者が送信者本人であることの保証がない．言い換えれば，捺印は署名人を確認するための印であるが,印鑑の真の所有者は印鑑証明書によってのみ確認できる．電子署名の場合，公開鍵の所有者の証明は，第三者である認証局（認証機関）が発行する電子証明書によってなされる．

　認証局（CA：Certification Authority）は，公開鍵の所有者を証明する電子証明書を発行する認証機関である．

表 12.1　認証局の例

日本ベリサイン	世界的な認証局 PKI 利用システムと連携する Go Secure! の提供
セコム トラストネット	日本を代表するセキュリティ会社 セコムパスポート forWeb は Entrust.net の提供
日本ボルチモア テクノロジーズ	GTE サイバートラストを吸収合併 PKI 製品 Unicert の販売
日本認証サービス	富士通，日立，日本電気の 3 社が共同設立， 電子認証専門サービス会社
帝国データバンク	会社の実在保証と会社信用情報サービス会社 認証局の運営はベリサインほかが担当
綜合警備保障	認証局の運営はボルチモアテクノロジーズが担当

　電子証明書（ディジタル証明書）は，公開鍵と所有者の情報，有効期限，シリアル番号，発行認証局名，認証局の電子署名からなる．

理解度クイズ

1. 暗号通信は，平文を [　　　　] して送信し，受信者は [　　　　] を [　　　　] して平文に戻す．

2. 公開鍵暗号方式は，[　　　　] と [　　　　] に異なる鍵を使う方式であり，送信者は一対の鍵をもち，鍵の一つを [　　　　] として受信者に渡し，もう一つの鍵は自分専用の [　　　　] とする．

3. 公開鍵暗号方式は，[　　　　] や [　　　　] などインターネットの暗号通信に利用され，その通信技術を用いている [　　　　] , [　　　　] などに幅広く利用されている．

4. 情報セキュリティの種類を四つあげよ．

5. 電子署名の仕組みを図示せよ．

【ヒント】　Eメールソフト，復号化，SSL，暗号文，S/MIME，公開鍵，Webサーバ，Webブラウザ，暗号化，秘密鍵

Essentials of Business Intelligence in Management

索　引

ア　行

アスキー文字 ……………………… *121*
アダプタ …………………………… *68*
アプリケーションアーキテクチャ …… *7*
アプリケーションサーバ …………… *81*
アプリケーション層 ……………… *133*
アンゾフ（Ansoff）……………… *46*
暗号化鍵 …………………………… *130*
暗号通信 …………………………… *130*
暗号文 ……………………………… *126*

インターネットマーケティング
　（eマーケティング）…………… *58*

オーケストレーションエンジン ……… *86*
オブジェクト ……………………… *72*
オプトインメール ………………… *61*

カ　行

解　読 ……………………………… *130*
カウンター同期 …………………… *128*
カラム ……………………………… *18*
関　係 ……………………………… *18*
関係データ分析 …………………… *32*
関係データベース ………………… *17*
管理サイクル ……………………… *9*

技術体系 …………………………… *7*

キャンペーンマーケティング ……… *61*
キューブ …………………………… *20*
行 …………………………………… *18*
共通鍵 ……………………………… *131*
共通鍵暗号方式 …………………… *131*
協調フィルタリング ……………… *124*
業務アプリケーション統合 ……… *66*
業務系データベース ……… *13, 16, 19*
業務作業モデル …………………… *3*
業務システム ……………………… *72*
業務情報システム ………………… *3*
業務体系 …………………………… *6*
業務用データベース ……………… *3*
業務 CRM ………………………… *58*
業務 CRM データベース ………… *58*
許可リスト ………………………… *115*

クライアント認証 ………………… *133*
クラスタ分割分析 ………………… *35*
クラス判別分析 …………………… *36*

経営戦略 ………………………… *2, 46*
ゲートウェイ型
　Mail フィルタリング ………… *120*
ゲートウェイ型
　Web フィルタリング ………… *118*
ゲートウェイサーバ型
　Mail フィルタリング ………… *121*
ゲートウェイサーバ型
　Web フィルタリング ………… *119*

索引

公開鍵 ……………………………… *132*
公開鍵暗号方式 …………………… *132*
公開鍵基盤 ………………………… *134*
公開鍵サーバ ……………………… *136*
購買管理 …………………………… *49*
項目タグ …………………………… *101*
顧客関係管理 ……………………… *57*
国産 ERP ソフト …………………… *44*
コールセンター …………………… *59*
混合鍵暗号方式 …………………… *133*
コンタクトセンター ……………… *59*

受注生産 …………………………… *51*
受注設計生産 ……………………… *51*
ジョイン ………………………… *33, 34*
詳細データ ………………………… *13*
情報区分コード …………………… *101*
情報セキュリティ ………………… *126*
情報伝達規約 ……………………… *96*
情報表現規約 ……………………… *94*
情報漏えい ………………………… *110*
情報漏えい防止 …………………… *111*

スポーク …………………………… *68*
スライシング …………………… *29, 31*

生産形態 ………………………… *51, 54*
製造管理 …………………………… *49*
製造資源計画 ……………………… *52*
セッション鍵 ……………………… *136*
セルフラベル ……………………… *114*
セレクション …………………… *32, 33*
全社企業システム体系 …………… *2*
全社業務資源管理 ………………… *40*
全社資源計画 ……………………… *52*
戦略 CRM …………………………… *60*

相関関係分析 ……………………… *35*
属　性 ……………………………… *18*
疎結合 ……………………………… *79*

🌏 サ　行

ザックマン（Zachman）…………… *6*
サーバ認証 ………………………… *133*
サービス …………………………… *72*
サービス指向設計体系 …………… *79*
サービスブローカ ………………… *74*
サービスプロバイダ ……………… *74*
サービスリクエスタ ……………… *75*
サプライチェーンマネジメント … *48*

時間同期 …………………………… *128*
シークェル ………………………… *33*
時系列順序分析 …………………… *35*
時系列データ ……………………… *13*
資材所要量計画 …………………… *52*
社内ポータル ……………………… *24*
重回帰予測分析 …………………… *36*
集計データ ………………………… *14*
受注加工組立生産 ………………… *51*
受注管理 …………………………… *49*
受注組立生産 ……………………… *51*
受注仕様組立生産 ………………… *51*

🌏 タ　行

ダイシング ……………………… *29, 31*
ターゲットマーケティング ……… *60*
多次元キューブ …………………… *28*
多次元データ ……………………… *20*

索引

多次元データベース ……………… 20
多次元分析 ………………………… 27
端末型 Mail フィルタリング ……… 120
端末型 Web フィルタリング ……… 117

チャレンジ ………………………… 128

使い捨てパスワード ……………… 127

ディジタル証明書 ………………… 137
ディジタル ID …………………… 136
ディスクリート型生産 ……………… 54
ディメンション …………………… 20
適用処理体系 ……………………… 7
テクノロジーアーキテクチャ ……… 7
データアーキテクチャ …………… 6
データウェアハウス ……… 4, 12, 16, 21
データ構造 ………………………… 17
データ体系 ………………………… 6
データベースマーケティング ……… 61
データマイニング ……………… 35, 37
データマート ………………… 19, 21
テーブル …………………………… 17
デマンドチェーン顧客管理 ……… 56
電子指紋 ………………………… 136
電子商取引 ………………………… 94
電子証明書 …………… 126, 136, 137
電子署名 ……………… 126, 135, 137
電子帳簿保存法 ………………… 108
電子データ交換 …………………… 94

トークン ………………………… 128
トランスポート層 ………………… 133
トランスレータ …………………… 98
ドリリング ………………………… 31

ドリルアップ ……………………… 31
ドリルスルー ……………………… 31
ドリルダウン ……………………… 31

ナ 行

二次元データ ……………………… 17
認証機関 ………………………… 137
認証局 ………………………… 126, 137

ハ 行

ハイブリッド暗号方式 …………… 133
パスフレーズ …………………… 128
ハッシュ関数 …………………… 135
ハブ ………………………………… 68
ハブ＆スポーク ………………… 67, 68
パーミッションマーケティング …… 61
バランストスコアカード ………… 26
パレート（Pareto）の法則 ………… 5

ビジネスアーキテクチャ …………… 6
ビジネスインテリジェンス ……… 6, 24
ビジネスパーソン ………………… 25
ビジネスプロセス ………… 4, 72, 84
ビジネスプロセス管理 …………… 85
ビジネスプロトコル ID ………… 101
秘密鍵 …………………………… 132
標準メッセージ …………………… 97
平文 ……………………………… 130

ファイアウォール ………………… 118
フィルタリングソフト …………… 112
付加価値情報通信 ………………… 97
復号化鍵 ………………………… 130

141

索引

ブラックリスト ……………………… *113*
プラットホーム ……………………… *66*
フロー型生産 ………………………… *54*
プロキシーサーバ …………………… *118*
プロキシーサーバ型
　Web フィルタリング ……………… *118*
プロジェクション …………………… *33*
プロジェクト型生産 ………………… *54*
プロセス型生産 ……………………… *54*
プロトコルヘッダ …………………… *75*
プロファイルビューロー …………… *118*
分散コンピューティング …………… *79*

ペイロード …………………………… *103*

ポーター（Porter） ………………… *46*
ポリシー ……………………………… *120*
ポリシーフィルタリング …………… *116*
ホワイトリスト ……………………… *113*

マ 行

マーケティング戦略 ………… *61, 92*
マルチディメンジョン式 …………… *31*

見込生産 ……………………………… *51*
密結合 ………………………………… *79*

メジャー ……………………………… *20*
メッセージダイジェスト …………… *135*
メッセージブローカ ………………… *68*
メールサーバ ………………………… *120*

ヤ 行

優良顧客マーケティング …………… *61*
ユーザ認証 …………………………… *126*
ユーザラベル ………………………… *114*

ラ 行

ラベル ………………………………… *114*
ラベルビューロー …………… *117, 118*
ラベルフィルタリング ……………… *113*

リード顧客マーケティング ………… *61*
リレーショナルデータベース ……… *17*
リレーション ………………………… *18*

類似時系列分析 ……………………… *35*

レイティング ………………………… *114*
レイティングフィルタリング ……… *113*
レコード ……………………………… *18*
レスポンス …………………………… *128*
列 ……………………………………… *18*

ロイヤルマーケティング …………… *61*
ロウ …………………………………… *18*

ワ 行

ワークフロー ………………………… *84*
ワンタイム共通鍵 …………………… *133*
ワンタイムパスワード …… *111, 126, 127*

索引

数字

3C分析（Customer, Competitor, Company） *92*
3DES（triple Data Encryption Standard） *131*
4P分析（Product, Price, Place, Promotion） *92*
80対20の法則 *5*

A

AES（Advanced Encryption Standard） *131*
Analytical CRM *60*
ANSI X.12（American National Standard Institute） *95*
APOP（Authenticated POP） *128*
ASP（Application Server Provider） ... *100*
ASP型EDI *98*

B

BAM（Business Activity Monitoring） *86*
BASE64 .... *121*
BI（Business Intelligence） *24*
BIソリューション *27*
BIツール *27*
BPEL（Business Process Execution Language） *77, 86, 106*
BPID（Business Protocol ID） *101*
BPM（Business Process Management） *84*
BPMシステム *86, 87*
BPMツール *89*
BPR（Business Process Reengineering） *40*
BPS（Business Process Specification） *104*
BSC（Balanced ScoreCard） *26*
B to B（Business to Business） *94*
B to C（Business to Consumer） *94*

C

CA（Certification Authority） *137*
CII（Cross-industry Information Interchange） *95*
CIIシンタックスルール *95*
CII標準 *95*
CII標準メッセージ *101*
CII標準XMLメッセージ *101*
collaborative filtering *124*
Column *18*
COM（Computer Output Microfilm） *108*
common key *131*
CPA（Collaboration-Protocol Agreement） *105*
CPP（Collaboration-Protocol Profile） *104*
CRM（Customer Relationship Management） *57*
CTI（Computer Telephony Integration） *58, 59*
Cube *20*

143

索引

D

Data Mart ……………………………… *19*
DB（Data Base）……………………… *3,4,22*
DCM（Demand Chain Management）
　……………………………………… *56, 62*
Dicing …………………………………… *29*
dimension ……………………………… *21*
Drilling ………………………………… *31*
DSA（Digital Signature Algorithm）… *132*

E

e-文書法 ……………………………… *108*
EA（Enterprise Architecture）………… *2*
EAI（Enterprise Application
　Integration）……………………… *66, 78*
EAI ツール …………………………… *66, 69*
ebXML（electronic business using
　XML）……………………………… *95, 102*
ebXML サービス ………………… *104, 106*
ebXML メッセージ …………………… *102*
ebXML レジストリ …………………… *104*
EC（Electronic Commerce）…………… *94*
eCRM（electronic CRM）…………… *58, 59*
EDI（Electronic Data Interchange）
　……………………………………… *94*
EDI 標準 ……………………………… *94*
EIAJ 標準 ……………………………… *95*
ERP（Enterprise Resource Planning）
　……………………………………… *40, 52*
ERP サーバ …………………………… *42*
ERP パッケージソフト ……………… *7, 43*
ESB（Enterprise Service Bus）……… *80, 86*
ETL（Extract, Transform, Loading）… *14*

ETL ツール …………………………… *15*

F

FTP（File Transfer Protocol）………… *73*

H

hash function ………………………… *135*
HOLAP（Hybrid OLAP）……………… *27*
HTML（Hyper Text Markup Language）
　……………………………………… *73*
HTTP（Hyper Text Transfer Protocol）
　……………………………………… *73*
Hub & Spoke ………………………… *67*
HWSW ………………………………… *101*

J

JCA（J2EE Connector Architecture）
　……………………………………… *80, 90*
JCA 標準（Japan Chain stores Association）
　……………………………………… *95*
JEDICOS（Japan EDI for COmmerce
　Systems）…………………………… *95*
Join ……………………………………… *34*

K

Key FingerPrint ……………………… *136*
KPI …………………………………… *26, 89*

M

Mail フィルタリング ………………… *120*

索引

Mail フィルタリングソフト *116*
MD5（Message Digest 5）............ *135*
MDX（Multi-Dimensional eXpression）
.... *31*
measure *20*
MIME（Multipurpose Internet Mail
　　Extension）........................... *121*
MIME パート *103*
MOLAP（Multi-dimensional OLAP）... *27*
MOM（Message Oriented Middleware）
.... *66*
MRP（Material Requirements Planning）
.... *52*
MRPⅡ（Manufacturing Resource Planning）
.... *52*
Multi-Dimensional Database *20*

O

OLAP（Online Analytical Processing）
.... *27, 28, 37*
One Time Password *127*
One to One マーケティング *61, 124*
Operational CRM *58*
OracleApplications *43*

P

PGP（Pretty Good Privacy）......... *136*
PICS（Platform for Internet Content
　　Selection）........................... *112*
PICS ラベル *114*
PIN（Personal Identification Number）
.... *128*
PKI（Public Key Infrastructure）...... *134*

Plan-Do-Check-Act *9*
Plan-Do-See *9*
POP（Post Office Protocol）......... *128*
private key *132*
Projection *33*
public key *132*

R

RC4（Rivest's Cipher 4）.............. *131*
relation *18*
Relational Database *17*
RFM 分析（Recency, Frequency,
　　Monetary）....................... *36, 61*
ROLAP（Relational OLAP）............ *27*
Row *18*
RPC（Remote Procedure Call）...... *76*
RSA（Rivest, Shamir, Adleman）... *132*
RSACi *115*

S

S/MIME（Secure MIME）....... *134, 136*
SAP R/3 .... *43*
SCM（Supply Chain Management）
.... *48, 62*
Selection *32*
SFA（Sales Force Automation）... *58, 59*
SHA1（Secure Hash Algorithm 1）... *135*
Slicing *29*
SMTP（Simple Message Transfer Protocol）
.... *73*
SMTP ゲートウェイ *120*
SMTP ゲートウェイサービス
　　プロバイダー *121*

145

索引

SOA（Service Oriented Architecture）
……………………………………… 79
SOAP（Simple Object Access Protocol）
……………………………………… 73
SOAP エンベロープ …………………… 75
SOAP メッセージ ……………………… 75
SQL（Structured Query Language）
………………………………… 33, 34
SSL（Secure Sockets Layer） …… 129, 133
SWOT（Strength, Weakness, Opportunity, Threat）……………… 92

T

Table ……………………………………… 17
TLS（Transport Layer Security）…… 133

U

UDDI（Universal Description, Discovery and Integration）……… 74
UDDI レジストリ ………………… 74, 104
UML（Unified Modeling Language）
…………………………… 77, 103, 106
UN/EDIFACT …………………………… 95
URL（Uniform Resource Locator）
………………………………… 113, 129
USB トークン（Universal Serial Bus token）…………………………… 128

V

VAN（Value Added Network）………… 97
VAN 型 EDI ……………………………… 97

W

Web アプリケーション ………………… 81
Web アプリケーションサーバ …… 81, 90
Web アプリケーションサービス …… 98
Web ゲートウェイサービスプロバイダー ……………………… 119
Web サービス …………… 72, 78, 81, 106
Web 端末 ………………………………… 24
Web フィルタリング ………………… 117
Web フィルタリングソフト ………… 113
WS-BPEL（Business Process Execution Language for Web Services）…… 77, 86
WSDL（Web Services Description Language）……………………………… 74
WWW（World Wide Web）………… 133

X

XML（eXtensible Markup Language）
……………………………………… 73

〈著者略歴〉

定道　宏（さだみち　ひろし）
京都大学大学院経済学研究科修士課程修了
米国ジョンズ・ホプキンス大学大学院経済学研究科博士課程修了，Ph. D.
神戸大学名誉教授

和歌山大学助教授，ジョージタウン大学シニアレクチャラ，神戸大学教授，京都大学教授を経て，岐阜聖徳学園大学教授（経済情報学部），星城大学学長・教授（経営学部），羽衣国際大学教授（産業社会学部），九州産業大学大学院教授（経営学研究科）など歴任．

著　書　経営科学（2種情報処理入門講座7），オーム社，1986
　　　　情報処理概論（経営情報学講座1），オーム社，1988
　　　　経営科学（経営情報学講座10），オーム社，1989
　　　　IT情報学概論，オーム社，2009

- 本書の内容に関する質問は，オーム社ホームページの「サポート」から，「お問合せ」の「書籍に関するお問合せ」をご参照いただくか，または書状にてオーム社編集局宛にお願いします．お受けできる質問は本書で紹介した内容に限らせていただきます．なお，電話での質問にはお答えできませんので，あらかじめご了承ください．
- 万一，落丁・乱丁の場合は，送料当社負担でお取替えいたします．当社販売課宛にお送りください．
- 本書の一部の複写複製を希望される場合は，本書扉裏を参照してください．
  JCOPY ＜出版者著作権管理機構　委託出版物＞

ビジネス情報学概論

2006 年 3 月 20 日　　第 1 版第 1 刷発行
2022 年 1 月 20 日　　第 1 版第 13 刷発行

著　　者　定道　宏
発 行 者　村上和夫
発 行 所　株式会社 オーム社
　　　　　郵便番号　101-8460
　　　　　東京都千代田区神田錦町3-1
　　　　　電話　03(3233)0641(代表)
　　　　　URL　https://www.ohmsha.co.jp/

© 定道　宏 2006

印刷　広済堂ネクスト　　製本　ブロケード
ISBN978-4-274-20219-3　Printed in Japan

ITTextシリーズ

情報処理学会 編集

ヒューマンコンピュータインタラクション(改訂2版)
岡田謙一・西田正吾・葛岡英明・仲谷美江・塩澤秀和　共著　■ A5判・260頁・本体2800円【税別】
■ 主要目次
人間とヒューマンコンピュータインタラクション／対話型システムのデザイン／入力インタフェース／ビジュアルインタフェース／人と人工物のコミュニケーション／空間型インタフェース／協同作業支援のためのマルチユーザインタフェース／インタフェースの評価

情報通信ネットワーク
阪田史郎・井関文一・小高知宏・甲藤二郎・菊池浩明・塩田茂雄・長 敬三　共著　■ A5判・228頁・本体2800円【税別】
■ 主要目次
情報通信ネットワークとインターネット／アプリケーション層／トランスポート層／ネットワーク層／データリンク層とLAN／物理層／無線ネットワークと移動体通信／ストリーミングとQoS／ネットワークセキュリティ／ネットワーク管理

ネットワークセキュリティ
菊池浩明・上原 哲太郎　共著　■ A5判・206頁・本体2800円【税別】
■ 主要目次
情報システムとサイバーセキュリティ／ファイアウォール／マルウェア／共通鍵暗号／公開鍵暗号／認証技術／PKIとSSL/TLS／電子メールのセキュリティ／Webセキュリティ／コンテンツ保護とFintech／プライバシー保護技術

基礎Web技術(改訂2版)
松下 温 監修／市村 哲・宇田隆哉・伊藤雅仁　共著　■ A5判・196頁・本体2500円【税別】
■ 主要目次
Web／HTML／CGI／JavaScript／XML

応用Web技術(改訂2版)
松下 温 監修／市村 哲・宇田隆哉　共著　■ A5判・192頁・本体2500円【税別】
■ 主要目次
Webアプリケーション概要／サーバ側で作る動的Webページ／データ管理とWebサービス／セキュリティ／マルチメディアストリーミング

アルゴリズム論
浅野哲夫・和田幸一・増澤利光　共著　■ A5判・242頁・本体2800円【税別】
■ 主要目次
アルゴリズムの重要性／探索問題／基本的なデータ構造／動的探索問題とデータ構造／データの整列／グラフアルゴリズム／文字列のアルゴリズム／アルゴリズムの設計手法／近似アルゴリズム／計算の複雑さ

データベースの基礎
吉川正俊 著　■ A5判・288頁・本体2900円【税別】
■ 主要目次
データベースの概念／関係データベース／関係代数／SQL／概念スキーマ設計／意思決定支援のためのデータベース／データの格納と問合せ処理／トランザクション

人工知能(改訂2版)
本位田 真一 監修／松本一教・宮原哲浩・永井保夫・市瀬 龍太郎　共著　■ A5判・244頁・本体2800円【税別】
■ 主要目次
人工知能の歴史と概要／探索による問題解決／知識表現と推論の基礎／知識表現と利用の応用技術／機械学習とデータマイニング／知識モデリングと知識流通／Web上で活躍するこれからのAI／社会で活躍するAIに向けて

もっと詳しい情報をお届けできます。
※書店に商品がない場合または直接ご注文の場合も右記宛にご連絡ください。

ホームページ　https://www.ohmsha.co.jp
TEL/FAX　TEL.03-3233-0643　FAX.03-3233-3440

(本体価格は変更される場合があります)

F-2009-276